# Fit werden für den DTB B2:
# Lesen Teile 1-4

Jan Mundhenk

© 2024 Jan Mundhenk
Verlag: BoD · Books on Demand GmbH, In de Tarpen 42,
22848 Norderstedt, bod@bod.de
Druck: Libri Plureos GmbH, Friedensallee 273, 22763 Hamburg
ISBN: 978-3-7693-2699-4

# Inhaltsverzeichnis

# Training 1

## Lesen – Teil 1

Sie haben eine Internetseite mit Artikeln zu Berufen und Wirtschaft entdeckt. Für Freunde wollen Sie passende Artikel heraussuchen und ihnen zusenden. Lesen Sie die Sätze und Artikel. Ordnen Sie den Personen 1-5 den jeweils passenden Artikel a-h zu. Markieren Sie die passende Lösung jeweils direkt auf dem Antwortbogen.

1. Online-Lernplattformen ermöglichen es Berufstätigen, sich neben ihrer Arbeit weiterzubilden.
2. Praktika sind eine großartige Möglichkeit, um Kontakte in der Branche zu knüpfen und Berufserfahrung zu sammeln.
3. Die neue Wirtschaft mit KI bietet Flexibilität, aber auch Herausforderungen in Bezug auf Arbeitsplatzsicherheit.
4. Die Nutzung von erneuerbaren Energien nimmt weltweit zu und trägt zum Klimaschutz bei.
5. Soft Skills wie Teamarbeit und Kommunikation sind für den beruflichen Erfolg unerlässlich.


**a) Online-Lernplattformen**
Online-Lernplattformen bieten flexible Weiterbildungsmöglichkeiten, die es den Lernenden ermöglichen, in ihrem eigenen Tempo zu lernen.

**b) Bewerbungstrends 2023**
Die neuesten Bewerbungstrends legen Wert auf digitale Kompetenzen und die Fähigkeit, sich schnell an neue Technologien anzupassen.

**c) Vorteile von Praktika**
Praktika bieten wertvolle Einblicke in die Arbeitswelt und helfen Studierenden, praktische Erfahrungen zu sammeln.

**d) Herausforderungen der neuen Wirtschaft mit KI**
Die neue Wirtschaft mit KI bietet Flexibilität, aber auch Unsicherheiten in Bezug auf Einkommen und Sozialleistungen.

**e) Berufsberatung für Schüler**
Berufsberatung hilft Schülern, ihre Stärken zu erkennen und passende Berufsfelder zu identifizieren.

**f) Technologische Innovationen**
Technologische Innovationen verändern die Arbeitswelt und erfordern kontinuierliche Weiterbildung.

**g) Arbeitsmarkttrends**
Der Arbeitsmarkt verändert sich ständig, und es ist wichtig, sich über die neuesten Trends zu informieren.

**h) Bedeutung von Soft Skills**
Soft Skills sind entscheidend für den beruflichen Erfolg und ergänzen fachliche Qualifikationen.

**Lesen Teil 2**

Lesen Sie die Aufgaben 6-9 und ordnen Sie ihnen die passende Antwort (a/b/c) oder richtig/falsch zu.

**Übung 1**
**Text 1: Willkommen im Team**
Herzlich willkommen in unserem Unternehmen! Wir freuen uns, Sie als neues Mitglied unseres Teams begrüßen zu dürfen. Ihr Einstieg ist ein wichtiger Schritt, und wir sind hier, um Sie zu unterstützen. In den ersten Wochen werden Sie verschiedene Abteilungen kennenlernen und an Einführungsschulungen teilnehmen. Diese Schulungen sind darauf ausgelegt, Ihnen einen umfassenden Überblick über unsere Arbeitsweise und unsere Unternehmenskultur zu geben. Wir ermutigen Sie, Fragen zu stellen und aktiv an den Schulungen teilzunehmen. Ihr persönlicher Mentor steht Ihnen jederzeit zur Seite, um bei Fragen oder Herausforderungen zu helfen. Unsere Unternehmenskultur basiert auf Offenheit und Zusammenarbeit, und wir sind überzeugt, dass Sie sich schnell bei uns einleben werden. Nochmals herzlich willkommen und viel Erfolg in Ihrer neuen Rolle!

**6** In den ersten Wochen werden Sie hauptsächlich alleine arbeiten.

**7** Unser Unternehmen legt großen Wert auf ...
    a)  ... Offenheit und Zusammenarbeit.
    b)  ... strikte Hierarchien und Einzelarbeit.
    c)  ... die Geheimhaltung von Informationen.

Lesen Sie die Aufgaben 6-9 und ordnen Sie ihnen die passende Antwort (a/b/c) oder richtig/falsch zu.

## Text 2: Einführung und Schulung

Willkommen zu Ihrem ersten Arbeitstag! Um Ihnen den Einstieg zu erleichtern, haben wir ein umfassendes Schulungsprogramm vorbereitet. Dieses Programm umfasst sowohl theoretische als auch praktische Einheiten, die Ihnen helfen sollen, sich schnell in Ihre neue Rolle einzufinden. Sie werden die Gelegenheit haben, sich mit den wichtigsten Tools und Verfahren vertraut zu machen, die in Ihrem Arbeitsbereich verwendet werden. Zudem ist ein Treffen mit Ihrem Teamleiter geplant, um Ihre individuellen Ziele und Erwartungen zu besprechen. Wir glauben, dass kontinuierliches Lernen der Schlüssel zum Erfolg ist und freuen uns darauf, Sie auf diesem Weg zu begleiten. Bitte zögern Sie nicht, sich bei Fragen oder Unsicherheiten an Ihren Vorgesetzten oder Ihre Kollegen zu wenden.

**8** Das Schulungsprogramm besteht ausschließlich aus theoretischen Einheiten.

**9** Ihr Teamleiter wird mit Ihnen ...
1. ... die Mittagspause verbringen.
2. ... Ihre individuellen Ziele besprechen.
3. ... keine Zeit verbringen.

## Lesen – Teil 3

Lesen Sie die Texte mit Fragen (10-13) und ordnen Sie die passende Antwort (a-f) zu. Markieren Sie die passenden Antworten auf dem Antwortbogen. Achtung: Eine Frage bekommt keine Antwort (X).

### Fragen

### 10. Miriam

Ich habe eine Frage zu meinem Urlaubsanspruch. Ich arbeite Teilzeit und bin mir unsicher, wie viele Urlaubstage mir zustehen. Gibt es eine bestimmte Formel, um das zu berechnen, oder sollte ich mich direkt an die Personalabteilung wenden? Ich möchte sicherstellen, dass ich meinen vollen Anspruch erhalte.

### 11. Lukas

Ich habe gehört, dass man seinen Urlaub nicht immer dann nehmen kann, wann man möchte. Gibt es gesetzliche Regelungen, die vorschreiben, wann der Arbeitgeber den Urlaub genehmigen muss oder ablehnen kann? Es wäre hilfreich, mehr darüber zu erfahren.

### 12. Anna

Ich bin neu in meinem Job und habe Fragen zur Urlaubsübertragung. Ist es möglich, nicht genommenen Urlaub ins nächste Jahr zu übertragen? Wenn ja, gibt es dafür bestimmte Bedingungen oder Fristen, die ich beachten muss?

### 13. Tobias

Ich habe meinen Arbeitsvertrag durchgesehen und bin mir nicht sicher, ob ich alle Bestimmungen zu Überstunden und deren Vergütung richtig verstanden habe. Gibt es allgemeine Richtlinien, die ich beachten sollte, um sicherzustellen, dass ich korrekt bezahlt werde?

**Antworten**

**a. Clara**

Hallo Miriam, in der Regel wird der Urlaubsanspruch bei Teilzeitbeschäftigten anteilig berechnet. Eine gängige Formel ist: Jahresurlaub in Tagen geteilt durch die Anzahl der Arbeitstage pro Woche, multipliziert mit den tatsächlichen Arbeitstagen. Wende dich am besten an die Personalabteilung für genaue Informationen.

**b. Max**

Hallo Lukas, der Arbeitgeber kann den Urlaubswunsch ablehnen, wenn betriebliche Gründe dagegen sprechen oder andere Mitarbeiter Vorrang haben. Es gibt jedoch keine festen gesetzlichen Regelungen, wann Urlaub genehmigt werden muss.

**c. Sophie**

Hallo Anna, ja, es ist möglich, nicht genommenen Urlaub ins nächste Jahr zu übertragen. In der Regel muss der Urlaub jedoch bis zum 31. März des Folgejahres genommen werden, es sei denn, es gibt andere Vereinbarungen im Arbeitsvertrag.

**d. Jonas**

Hallo Tobias, Überstundenregelungen können je nach Arbeitsvertrag und Tarifvertrag variieren. Generell sollten Überstunden erfasst und entweder durch Freizeitausgleich oder zusätzliche Vergütung abgegolten werden.

**e. Laura**

Hallo, es ist wichtig, die genauen Bestimmungen im Arbeitsvertrag zu überprüfen, da diese oft spezifische Regelungen zu Überstunden und deren Vergütung enthalten.

**f. Felix**

Hallo, es ist möglich, dass nicht genommener Urlaub ins nächste Jahr übertragen wird, aber dies hängt oft von den Vereinbarungen im Arbeitsvertrag ab.

**Lesen – Teil 4**

Lesen Sie das Protokoll und beantworten Sie die Aufgaben (14-18). Bei jeder Aufgabe ist genau eine Antwort zutreffend (a/b/c). Markieren Sie diese direkt auf Ihrem Antwortbogen.

**Protokoll der Teambesprechung**
**Datum:** 15. Oktober 2023
**Zeit:** 10:00 - 12:00 Uhr
**Ort:** Konferenzraum A
**Anwesende:**
- Anna Müller (AM), Bernd Schmidt (BS), Claudia Weber (CW),
- Daniel Fischer (DF), Eva Neumann (EN), Frank Lehmann (FL)

**Tagesordnungspunkte:**

1. **Begrüßung und Einführung**

**AM** eröffnete die Sitzung um 10:00 Uhr und begrüßte alle Anwesenden. Sie erläuterte kurz die Tagesordnung und betonte die Wichtigkeit der heutigen Besprechung für die zukünftige Ausrichtung des Teams.

2. **Rückblick auf das letzte Quartal**

**BS** präsentierte die Ergebnisse des letzten Quartals. Er hob hervor, dass die Umsatzzahlen um 10% gestiegen sind, was vor allem auf die erfolgreiche Einführung des neuen Produkts zurückzuführen ist. **CW** ergänzte, dass die Kundenzufriedenheit ebenfalls gestiegen sei, was durch die positive Resonanz auf die letzte Kundenumfrage belegt wird.

3. **Aktuelle Projekte und Fortschritte**

**DF** berichtete über den aktuellen Stand der Projekte. Das Projekt "GreenTech" sei im Zeitplan und die Entwicklung laufe reibungslos. **EN** fügte hinzu, dass die Zusammenarbeit mit den externen Partnern bisher sehr positiv verlaufen sei und weitere Synergien genutzt werden könnten.

4. **Strategische Planung für das kommende Jahr**

**FL** stellte die strategische Planung für das kommende Jahr vor. Er betonte die Notwendigkeit, sich auf nachhaltige Geschäftspraktiken zu konzentrieren und die Digitalisierung weiter voranzutreiben. **AM** schlug vor, ein Team für die Entwicklung digitaler Lösungen zu bilden, um den digitalen Wandel zu beschleunigen.

5. **Budgetplanung und Ressourcenallokation**

**CW** präsentierte den Entwurf für die Budgetplanung. Sie wies darauf hin, dass mehr Mittel für Forschung und Entwicklung bereitgestellt werden sollten, um die Innovationskraft des Unternehmens zu stärken. **BS** stimmte zu und betonte, dass Investitionen in neue Technologien langfristig die Wettbewerbsfähigkeit sichern könnten.

6. **Sonstiges und Abschluss**

**EN** brachte das Thema Mitarbeiterzufriedenheit zur Sprache und schlug vor, regelmäßige Feedbackrunden einzuführen, um die Arbeitsatmosphäre zu verbessern.
**DF** unterstützte den Vorschlag und regte an, eine anonyme Umfrage zu starten, um ehrliches Feedback zu erhalten. **AM** schloss die Sitzung um 12:00 Uhr und dankte allen Teilnehmern für ihre engagierte Mitarbeit.

**14. Wer eröffnete die Sitzung?**
a) Bernd Schmidt
b) Anna Müller
c) Eva Neumann

**15. Welche Steigerung der Umsatzzahlen wurde im letzten Quartal erreicht?**
a) 5%
b) 10%
c) 15%

**16. Welches Projekt erwähnte Daniel Fischer als im Zeitplan?**
a) BlueTech
b) GreenTech
c) RedTech

**17. Worauf soll laut Frank Lehmann im kommenden Jahr der Fokus liegen?**
a) Kostenreduktion
b) Nachhaltige Geschäftspraktiken
c) Produktdiversifikation

**18. Was schlug Eva Neumann zur Verbesserung der Mitarbeiterzufriedenheit vor?**
a) Gehaltserhöhungen
b) Regelmäßige Feedbackrunden
c) Mehr Urlaubstage

# Training 2

**Lesen – Teil 1**

Sie haben eine Internetseite mit Artikeln zu Berufen und Wirtschaft entdeckt. Für Freunde wollen Sie passende Artikel heraussuchen und ihnen zusenden. Lesen Sie die Sätze und Artikel. Ordnen Sie den Personen 1-5 den jeweils passenden Artikel a-h zu. Markieren Sie die passende Lösung jeweils direkt auf dem Antwortbogen.

1. Netzwerken kann den Karriereweg positiv beeinflussen und neue Türen öffnen.
2. Teilzeitarbeit ermöglicht eine bessere Work-Life-Balance und wird immer beliebter.
3. Die Digitalisierung der Bildung bietet neue Möglichkeiten des Lernens und der Interaktion.
4. Der Anbau von Bio-Lebensmitteln trägt zur Erhaltung der Artenvielfalt bei.
5. Praktika im Ausland sind eine wertvolle Erfahrung, um interkulturelle Kompetenzen zu erwerben.

**a) Erfolgreich Netzwerken**
Netzwerken ist für den beruflichen Erfolg entscheidend und hilft, wertvolle Kontakte zu knüpfen.

**b) Teilzeitarbeit im Trend**
Immer mehr Menschen entscheiden sich für Teilzeitarbeit, um Beruf und Privatleben besser zu vereinbaren.

**c) Digitalisierung in der Bildung**
Die Digitalisierung verändert die Bildungslandschaft und bietet neue Lernmöglichkeiten.

**d) Herausforderungen der Selbstständigkeit**
Selbstständigkeit bietet Freiheit, erfordert aber auch Disziplin und Risikobereitschaft.

**e) Umweltbewusstsein im Beruf**
Immer mehr Unternehmen legen Wert auf Nachhaltigkeit und umweltbewusstes Handeln.

**f) Künstliche Intelligenz**
Künstliche Intelligenz revolutioniert viele Branchen und erfordert neue Kompetenzen.

**g) Berufliche Neuorientierung**
Eine berufliche Neuorientierung kann neue Chancen eröffnen, erfordert aber auch Mut und Planung.

**h) Praktika im Ausland**
Praktika im Ausland bieten die Möglichkeit, internationale Erfahrungen zu sammeln und die Sprachkenntnisse zu verbessern.

Lesen Sie die Aufgaben 6-9 und ordnen Sie ihnen die passende Antwort (a/b/c) oder richtig/falsch zu.

**Text 1: Willkommen im Team**
Herzlich willkommen in unserem Unternehmen! Wir freuen uns, Sie als neues Mitglied unseres Teams begrüßen zu dürfen. Ihr Einstieg ist ein wichtiger Schritt, und wir sind hier, um Sie zu unterstützen. In den ersten Wochen werden Sie verschiedene Abteilungen kennenlernen und an Einführungsschulungen teilnehmen. Diese Schulungen sind darauf ausgelegt, Ihnen einen umfassenden Überblick über unsere Arbeitsweise und unsere Unternehmenskultur zu geben. Wir ermutigen Sie, Fragen zu stellen und aktiv an den Schulungen teilzunehmen. Ihr persönlicher Mentor steht Ihnen jederzeit zur Seite, um bei Fragen oder Herausforderungen zu helfen. Unsere Unternehmenskultur basiert auf Offenheit und Zusammenarbeit, und wir sind überzeugt, dass Sie sich schnell bei uns einleben werden. Nochmals herzlich willkommen und viel Erfolg in Ihrer neuen Rolle!

**6** Ihr Mentor wird Ihnen bei Fragen und Herausforderungen helfen.

**7** Unsere Unternehmenskultur basiert auf ...
   a) ... Konkurrenz und Wettbewerb.
   b) ... Offenheit und Zusammenarbeit.
   c) ... Geheimhaltung und Misstrauen.

Lesen Sie die Aufgaben 6-9 und ordnen Sie ihnen die passende Antwort (a/b/c) oder richtig/falsch zu.

**Text 2: Einführung und Schulung**

Willkommen zu Ihrem ersten Arbeitstag! Um Ihnen den Einstieg zu erleichtern, haben wir ein umfassendes Schulungsprogramm vorbereitet. Dieses Programm umfasst sowohl theoretische als auch praktische Einheiten, die Ihnen helfen sollen, sich schnell in Ihre neue Rolle einzufinden. Sie werden die Gelegenheit haben, sich mit den wichtigsten Tools und Verfahren vertraut zu machen, die in Ihrem Arbeitsbereich verwendet werden. Zudem ist ein Treffen mit Ihrem Teamleiter geplant, um Ihre individuellen Ziele und Erwartungen zu besprechen. Wir glauben, dass kontinuierliches Lernen der Schlüssel zum Erfolg ist und freuen uns darauf, Sie auf diesem Weg zu begleiten. Bitte zögern Sie nicht, sich bei Fragen oder Unsicherheiten an Ihren Vorgesetzten oder Ihre Kollegen zu wenden.

**8** Der Teamleiter wird Ihre individuellen Ziele mit Ihnen besprechen.

**9** Das Schulungsprogramm umfasst ...
   a) ... nur theoretische Einheiten.
   b) ... sowohl theoretische als auch praktische Einheiten.
   c) ... keine praktischen Übungen.

## Lesen – Teil 3

Lesen Sie die Texte mit Fragen (10-13) und ordnen Sie die passende Antwort (a-f) zu. Markieren Sie die passenden Antworten auf dem Antwortbogen. Achtung: Eine Frage bekommt keine Antwort (X).

### Fragen

### 10. Nina

Ich arbeite in einem kleinen Unternehmen und frage mich, ob es spezielle Regelungen für den Urlaubsanspruch in kleinen Betrieben gibt. Gibt es Unterschiede im Vergleich zu größeren Unternehmen?

### 11. Paul

Ich habe meinen Arbeitsvertrag kürzlich überprüft und bin auf eine Klausel gestoßen, die besagt, dass Urlaub nur in bestimmten Monaten genommen werden kann. Ist das rechtlich zulässig?

### 12. Laura

Ich habe gehört, dass es möglich ist, Urlaubstage zu verkaufen, wenn man sie nicht nimmt. Wie funktioniert das und ist das in Deutschland überhaupt erlaubt?

### 13. Daniel

Ich bin mir unsicher, wie sich eine längere Krankheit auf meinen Urlaubsanspruch auswirkt. Verliere ich dadurch Urlaubstage oder werden sie ins nächste Jahr übertragen?

**Antworten**

**a. Jana**

Hallo Nina, der gesetzliche Urlaubsanspruch gilt unabhängig von der Unternehmensgröße. Kleine Betriebe müssen sich an dieselben gesetzlichen Vorgaben halten wie größere Unternehmen.

**b. Tim**

Hallo Paul, grundsätzlich kann der Arbeitgeber im Rahmen seiner betrieblichen Möglichkeiten den Urlaubszeitraum festlegen. Allerdings sollte dies im Einklang mit den Arbeitnehmerinteressen stehen.

**c. Katrin**

Hallo Laura, in Deutschland ist es grundsätzlich nicht erlaubt, Urlaubstage zu verkaufen. Urlaub dient der Erholung und sollte auch genommen werden.

**d. Michael**

Hallo Daniel, bei einer längeren Krankheit verfällt der Urlaubsanspruch nicht sofort. Er kann ins nächste Jahr übertragen werden, sollte aber bis zum 31. März genommen werden.

**e. Stefan**

Hallo, die Regelungen zum Urlaubsanspruch sind unabhängig von der Größe des Unternehmens.

**f. Lisa**

Hallo, es ist wichtig, die genauen Regelungen im Arbeitsvertrag zu überprüfen, da diese oft spezifische Bestimmungen enthalten.

Lesen Sie das Protokoll und beantworten Sie die Aufgaben (14-18). Bei jeder Aufgabe ist genau eine Antwort zutreffend (a/b/c). Markieren Sie diese direkt auf Ihrem Antwortbogen.

**Protokoll der Teambesprechung**
**Datum:** 20. Oktober 2023
**Zeit:** 14:00 - 16:00 Uhr
**Ort:** Konferenzraum B
**Anwesende:**
- Julia Meier (JM)
- Karl Hoffmann (KH)
- Lisa Becker (LB)
- Martin Klein (MK)
- Nina Schulz (NS)
- Oliver Braun (OB)

**Tagesordnungspunkte:**
1. **Begrüßung und Einführung**

**JM** eröffnete die Sitzung und begrüßte die Anwesenden. Sie stellte die Tagesordnung vor und betonte die Bedeutung der heutigen Themen für die Unternehmensentwicklung.

2. **Analyse der Markttrends**

**KH** präsentierte eine Analyse der aktuellen Markttrends. Er hob hervor, dass der Trend zu nachhaltigen Produkten weiter zunimmt und das Unternehmen hier Potenzial für Wachstum sieht. **LB** ergänzte, dass die Konkurrenz ebenfalls verstärkt auf Nachhaltigkeit setzt.

3. **Produktentwicklung und Innovation**

**MK** berichtete über die Fortschritte in der Produktentwicklung. Ein neues Produkt soll im nächsten Quartal auf den Markt gebracht werden. **NS** fügte hinzu, dass die Innovationsabteilung eng mit den Marketingteams zusammenarbeitet, um den Launch optimal vorzubereiten.

4. **Vertriebsstrategien und Kundenbindung**

**OB** stellte neue Vertriebsstrategien vor, die die Kundenbindung stärken sollen. Er betonte die Wichtigkeit von personalisierten Angeboten und einem starken Kundenservice. **JM** schlug vor, regelmäßig Schulungen für das Vertriebsteam anzubieten, um die neuen Strategien effektiv umzusetzen.

5. **Finanzielle Lage und Investitionen**

**LB** präsentierte die aktuelle finanzielle Lage des Unternehmens. Sie wies darauf hin, dass Investitionen in neue Technologien notwendig sind, um wettbewerbsfähig zu bleiben. **KH** stimmte zu und regte an, einen Teil des Budgets für die Digitalisierung zu reservieren.

6. **Abschluss und nächste Schritte**

**NS** fasste die wichtigsten Punkte der Besprechung zusammen und schlug vor, in der nächsten Sitzung konkrete Maßnahmen zu den besprochenen Themen zu erarbeiten. **JM** schloss die Sitzung und dankte allen Teilnehmern für ihre Beiträge.

## 14. Wer eröffnete die Sitzung?

a) Karl Hoffmann
b) Julia Meier
c) Oliver Braun

## 15. Welcher Markttrend wurde als wachsend identifiziert?

a) Digitalisierung
b) Nachhaltigkeit
c) Automatisierung

## 16. Wann soll das neue Produkt auf den Markt gebracht werden?

a) Im nächsten Quartal
b) Im nächsten Jahr
c) In zwei Jahren

## 17. Was betonte Oliver Braun als wichtig für die Kundenbindung?

a) Preisreduktionen
b) Personalisierte Angebote
c) Massenwerbung

## 18. Wofür soll ein Teil des Budgets laut Karl Hoffmann reserviert werden?

a) Neue Mitarbeiter
b) Digitalisierung
c) Werbung

# Training 3

**Lesen – Teil 1**

Sie haben eine Internetseite mit Artikeln zu Berufen und Wirtschaft entdeckt. Für Freunde wollen Sie passende Artikel heraussuchen und ihnen zusenden. Lesen Sie die Sätze und Artikel. Ordnen Sie den Personen 1-5 den jeweils passenden Artikel a-h zu. Markieren Sie die passende Lösung jeweils direkt auf dem Antwortbogen.

1. Berufliche Weiterbildung hilft, mit den neuesten Entwicklungen in der Branche Schritt zu halten.
2. Die Globalisierung schafft neue Märkte, stellt aber auch Herausforderungen für lokale Unternehmen dar.
3. Homeoffice bietet Flexibilität, erfordert aber auch Disziplin und Selbstorganisation.
4. Der Einsatz von Robotern in der Industrie erhöht die Effizienz, stellt aber auch Arbeitsplätze in Frage.
5. Praktika sind eine hervorragende Möglichkeit, Berufserfahrung zu sammeln und das eigene Netzwerk zu erweitern.

**a) Berufliche Weiterbildung**
Berufliche Weiterbildung ist unerlässlich, um mit den Veränderungen auf dem Arbeitsmarkt Schritt zu halten.

**b) Herausforderungen der Globalisierung**
Die Globalisierung beeinflusst die Arbeitswelt und erfordert Anpassungsfähigkeit und interkulturelle Kompetenz.

**c) Karriereplanung für Absolventen**
Eine gezielte Karriereplanung hilft Absolventen, ihre beruflichen Ziele zu erreichen.

**d) Homeoffice im Trend**
Immer mehr Unternehmen bieten die Möglichkeit, im Homeoffice zu arbeiten, was Flexibilität und eine bessere Work-Life-Balance ermöglicht.

**e) Bedeutung von Praktika**
Praktika bieten wertvolle Einblicke in die Berufswelt und helfen beim Aufbau von Netzwerken.

**f) Soziale Medien im Beruf**
Soziale Medien spielen eine wichtige Rolle im Berufsleben und bieten neue Möglichkeiten des Marketings und der Vernetzung.

**g) Nachhaltigkeit in Unternehmen**
Nachhaltigkeit wird für Unternehmen immer wichtiger und beeinflusst Geschäftsstrategien und -entscheidungen.

**h) Herausforderungen der Digitalisierung**
Die Digitalisierung verändert die Arbeitswelt und erfordert neue Fähigkeiten und Anpassungsbereitschaft.

**Lesen – Teil 2**

Lesen Sie die Aufgaben 6-9 und ordnen Sie ihnen die passende Antwort (a/b/c) oder richtig/falsch zu.

**Text 1: Willkommen im Team**

Herzlich willkommen in unserem Unternehmen! Wir freuen uns, Sie als neues Mitglied unseres Teams begrüßen zu dürfen. Ihr Einstieg ist ein wichtiger Schritt, und wir sind hier, um Sie zu unterstützen. In den ersten Wochen werden Sie verschiedene Abteilungen kennenlernen und an Einführungsschulungen teilnehmen. Diese Schulungen sind darauf ausgelegt, Ihnen einen umfassenden Überblick über unsere Arbeitsweise und unsere Unternehmenskultur zu geben. Wir ermutigen Sie, Fragen zu stellen und aktiv an den Schulungen teilzunehmen. Ihr persönlicher Mentor steht Ihnen jederzeit zur Seite, um bei Fragen oder Herausforderungen zu helfen. Unsere Unternehmenskultur basiert auf Offenheit und Zusammenarbeit, und wir sind überzeugt, dass Sie sich schnell bei uns einleben werden. Nochmals herzlich willkommen und viel Erfolg in Ihrer neuen Rolle!

**6** Sie werden in den ersten Wochen keine Abteilungen kennenlernen.

**7** Ihr persönlicher Mentor steht Ihnen ...
   a)  ... nur gelegentlich zur Seite.
   b)  ... jederzeit zur Seite.
   c)  ... nicht zur Verfügung.

Lesen Sie die Aufgaben 6-9 und ordnen Sie ihnen die passende Antwort (a/b/c) oder richtig/falsch zu.

**Text 2: Einführung und Schulung**

Willkommen zu Ihrem ersten Arbeitstag! Um Ihnen den Einstieg zu erleichtern, haben wir ein umfassendes Schulungsprogramm vorbereitet. Dieses Programm umfasst sowohl theoretische als auch praktische Einheiten, die Ihnen helfen sollen, sich schnell in Ihre neue Rolle einzufinden. Sie werden die Gelegenheit haben, sich mit den wichtigsten Tools und Verfahren vertraut zu machen, die in Ihrem Arbeitsbereich verwendet werden. Zudem ist ein Treffen mit Ihrem Teamleiter geplant, um Ihre individuellen Ziele und Erwartungen zu besprechen. Wir glauben, dass kontinuierliches Lernen der Schlüssel zum Erfolg ist und freuen uns darauf, Sie auf diesem Weg zu begleiten. Bitte zögern Sie nicht, sich bei Fragen oder Unsicherheiten an Ihren Vorgesetzten oder Ihre Kollegen zu wenden.

8 Das Schulungsprogramm besteht nur aus praktischen Einheiten.

9 Sie werden die Gelegenheit haben, ...
    a. ... sich mit den wichtigsten Tools vertraut zu machen.
    b. ... keine neuen Tools kennenzulernen.
    c. ... ausschließlich theoretische Inhalte zu lernen.

## Lesen Teil 3

Lesen Sie die Texte mit Fragen (10-13) und ordnen Sie die passende Antwort (a-f) zu. Markieren Sie die passenden Antworten auf dem Antwortbogen. Achtung: Eine Frage bekommt keine Antwort (X).

### Fragen

**10. Sven**

Ich habe eine Frage zur Urlaubsplanung. Kann mein Arbeitgeber meinen Urlaub streichen, wenn es betriebliche Gründe gibt? Was passiert, wenn ich bereits gebucht habe?

**11. Julia**

Ich arbeite in einem internationalen Unternehmen und frage mich, ob es Unterschiede im Urlaubsanspruch für Mitarbeiter in Deutschland und anderen Ländern gibt.

**12. Tom**

Ich bin in der Probezeit und unsicher, ob ich bereits Urlaub nehmen darf. Gibt es spezifische Regelungen für den Urlaubsanspruch während der Probezeit?

**13. Sarah**

Ich habe gehört, dass Eltern von schulpflichtigen Kindern ein Vorrecht auf Urlaub in den Schulferien haben. Stimmt das und wie wird das geregelt?

**Antworten**

**a. Lena**

Hallo Sven, grundsätzlich kann der Arbeitgeber aus dringenden betrieblichen Gründen den Urlaub streichen. Bei bereits gebuchten Reisen sollte man versuchen, eine Einigung zu finden.

**b. Marco**

Hallo Julia, der Urlaubsanspruch kann je nach Land variieren. In Deutschland gibt es gesetzliche Mindestanforderungen, die je nach Tarifvertrag oder Betriebsvereinbarung erweitert werden können.

**c. Nina**

Hallo Tom, während der Probezeit besteht grundsätzlich ein Urlaubsanspruch. Allerdings kann der Arbeitgeber den Urlaub in dieser Zeit unter Umständen verweigern.

**d. Oliver**

Hallo Sarah, es gibt keine gesetzliche Regelung, die Eltern von schulpflichtigen Kindern ein Vorrecht auf Urlaub in den Schulferien einräumt.

**e. Lisa**

Hallo, es ist wichtig, die genauen Regelungen im Arbeitsvertrag zu überprüfen, da diese oft spezifische Bestimmungen enthalten.

**f. Tobias**

Hallo, der Urlaubsanspruch kann je nach Land und Unternehmenspolitik unterschiedlich sein.

## Lesen – Teil 4

Lesen Sie das Protokoll und beantworten Sie die Aufgaben (14-18). Bei jeder Aufgabe ist genau eine Antwort zutreffend (a/b/c). Markieren Sie diese direkt auf Ihrem Antwortbogen.

**Protokoll der Teambesprechung**
**Datum:** 25. Oktober 2023
**Zeit:** 09:00 - 11:00 Uhr
**Ort:** Konferenzraum C
**Anwesende:**
- Peter Wagner (PW), Sandra Müller (SM), Thomas Richter (TR)
- Ulrike Schneider (US), Vera Lang (VL), Wolfgang Becker (WB)

**Tagesordnungspunkte:**

1. **Begrüßung und Einführung**

**PW** eröffnete die Sitzung und hieß alle Anwesenden willkommen. Er stellte die Tagesordnung vor und betonte die Wichtigkeit der heutigen Diskussionen für die strategische Ausrichtung des Unternehmens.

2. **Rückblick auf die Jahresziele**

**SM** präsentierte einen Rückblick auf die bisher erreichten Jahresziele. Sie hob hervor, dass viele Ziele bereits übertroffen wurden, insbesondere im Bereich der Kundenzufriedenheit. **TR** ergänzte, dass einige Ziele noch nicht erreicht sind und weitere Anstrengungen erfordern.

3. **Personalentwicklung und Schulungen**

**US** berichtete über die aktuellen Initiativen zur Personalentwicklung. Neue Schulungsprogramme sollen eingeführt werden, um die Mitarbeiterqualifikation zu verbessern. **VL** fügte hinzu, dass die Feedbackkultur im Unternehmen gestärkt werden soll, um die Motivation der Mitarbeiter zu erhöhen.

4. **Technologische Innovationen**

**WB** stellte neue technologische Innovationen vor, die im Unternehmen implementiert werden sollen. Er betonte die Wichtigkeit der Automatisierung zur Steigerung der Effizienz. **PW** schlug vor, ein Team zu bilden, das sich speziell mit der Implementierung dieser Technologien beschäftigt.

5. **Kundenfeedback und Produktverbesserung**

**TR** präsentierte die Ergebnisse der letzten Kundenumfrage. Er hob hervor, dass Kunden insbesondere Verbesserungen im Bereich der Benutzerfreundlichkeit wünschen. **SM** schlug vor, ein Team zu bilden, das sich mit der Umsetzung dieser Verbesserungsvorschläge beschäftigt.

6. **Abschluss und nächste Schritte**

**VL** fasste die wichtigsten Punkte der Besprechung zusammen und schlug vor, in der nächsten Sitzung konkrete Maßnahmen zu den besprochenen Themen zu erarbeiten. **PW** schloss die Sitzung und dankte allen Teilnehmern für ihre engagierten Beiträge.

**14. Wer eröffnete die Sitzung?**
a) Sandra Müller
b) Peter Wagner
c) Wolfgang Becker

**15. Welcher Bereich hat die Jahresziele übertroffen?**
a) Umsatz
b) Kundenzufriedenheit
c) Mitarbeiterzufriedenheit

**16. Was soll laut Ulrike Schneider eingeführt werden?**
a) Neue Produkte
b) Schulungsprogramme
c) Urlaubstage

**17. Was betonte Wolfgang Becker als wichtig?**
a) Automatisierung
b) Marketingstrategien
c) Mitarbeiterzufriedenheit

**18. Was wünschen sich die Kunden laut der Umfrage?**
a) Günstigere Preise
b) Benutzerfreundlichkeit
c) Mehr Werbung

# Training 4

## Lesen – Teil 1

Sie haben eine Internetseite mit Artikeln zu Berufen und Wirtschaft entdeckt. Für Freunde wollen Sie passende Artikel heraussuchen und ihnen zusenden. Lesen Sie die Sätze und Artikel. Ordnen Sie den Personen 1-5 den jeweils passenden Artikel a-h zu. Markieren Sie die passende Lösung jeweils direkt auf dem Antwortbogen.

1. Praktika bieten Studierenden die Möglichkeit, wertvolle Berufserfahrung zu sammeln.
2. Die digitale Transformation verändert die Art und Weise, wie Unternehmen arbeiten und kommunizieren.
3. Selbstständigkeit erfordert Mut und Entschlossenheit, bietet aber auch die Freiheit, eigene Entscheidungen zu treffen.
4. Der Schutz der Meere ist entscheidend für die Erhaltung der Artenvielfalt und den Klimaschutz.
5. Eine gute Work-Life-Balance trägt zur Zufriedenheit und Produktivität der Mitarbeiter bei.

**a) Praktika für Studierende**
Praktika bieten Studierenden die Möglichkeit, praktische Erfahrungen zu sammeln und ihr theoretisches Wissen anzuwenden.

**b) Arbeitsmarkttrends 2023**
Der Arbeitsmarkt verändert sich ständig, und es ist wichtig, die aktuellen Trends zu kennen, um wettbewerbsfähig zu bleiben.

**c) Digitale Transformation**
Die digitale Transformation verändert Geschäftsprozesse und erfordert neue Kompetenzen.

**d) Selbstständigkeit als Karriereweg**
Selbstständigkeit bietet die Möglichkeit, eigene Ideen umzusetzen und unabhängig zu arbeiten.

**e) Berufliche Netzwerke**
Ein starkes berufliches Netzwerk kann den Karriereweg positiv beeinflussen und neue Chancen eröffnen.

**f) Weiterbildung im Beruf**
Berufliche Weiterbildung ist entscheidend, um mit den technologischen Entwicklungen Schritt zu halten.

**g) Work-Life-Balance**
Eine gute Work-Life-Balance ist wichtig für die Gesundheit und das Wohlbefinden der Mitarbeiter.

**h) Herausforderungen der Automatisierung**
Automatisierung verändert die Arbeitswelt und erfordert neue Fähigkeiten und Anpassungsbereitschaft.

## Lesen – Teil 2

Lesen Sie die Aufgaben 6-9 und ordnen Sie ihnen die passende Antwort (a/b/c) oder richtig/falsch zu.

### Text 1: Willkommen im Team

Herzlich willkommen in unserem Unternehmen! Wir freuen uns, Sie als neues Mitglied unseres Teams begrüßen zu dürfen. Ihr Einstieg ist ein wichtiger Schritt, und wir sind hier, um Sie zu unterstützen. In den ersten Wochen werden Sie verschiedene Abteilungen kennenlernen und an Einführungsschulungen teilnehmen. Diese Schulungen sind darauf ausgelegt, Ihnen einen umfassenden Überblick über unsere Arbeitsweise und unsere Unternehmenskultur zu geben. Wir ermutigen Sie, Fragen zu stellen und aktiv an den Schulungen teilzunehmen. Ihr persönlicher Mentor steht Ihnen jederzeit zur Seite, um bei Fragen oder Herausforderungen zu helfen. Unsere Unternehmenskultur basiert auf Offenheit und Zusammenarbeit, und wir sind überzeugt, dass Sie sich schnell bei uns einleben werden. Nochmals herzlich willkommen und viel Erfolg in Ihrer neuen Rolle!

**6** Die Unternehmenskultur basiert auf Konkurrenz und Wettbewerb.

**7** In den ersten Wochen werden Sie ...
   a) ... verschiedene Abteilungen kennenlernen.
   b) ... nur in Ihrem Büro arbeiten.
   c) ... keine Schulungen besuchen.

Lesen Sie die Aufgaben 6-9 und ordnen Sie ihnen die passende Antwort (a/b/c) oder richtig/falsch zu.

**Text 2: Einführung und Schulung**

Willkommen zu Ihrem ersten Arbeitstag! Um Ihnen den Einstieg zu erleichtern, haben wir ein umfassendes Schulungsprogramm vorbereitet. Dieses Programm umfasst sowohl theoretische als auch praktische Einheiten, die Ihnen helfen sollen, sich schnell in Ihre neue Rolle einzufinden. Sie werden die Gelegenheit haben, sich mit den wichtigsten Tools und Verfahren vertraut zu machen, die in Ihrem Arbeitsbereich verwendet werden. Zudem ist ein Treffen mit Ihrem Teamleiter geplant, um Ihre individuellen Ziele und Erwartungen zu besprechen. Wir glauben, dass kontinuierliches Lernen der Schlüssel zum Erfolg ist und freuen uns darauf, Sie auf diesem Weg zu begleiten. Bitte zögern Sie nicht, sich bei Fragen oder Unsicherheiten an Ihren Vorgesetzten oder Ihre Kollegen zu wenden.

    **8**    Sie werden keine Gelegenheit haben, sich mit den Tools vertraut zu machen.

    **9**    Kontinuierliches Lernen ist ...
        a.  ... unwichtig für den Erfolg.
        b.  ... der Schlüssel zum Erfolg.
        c.  ... nur für neue Mitarbeiter relevant.

## Lesen Teil 3

Lesen Sie die Texte mit Fragen (10-13) und ordnen Sie die passende Antwort (a-f) zu. Markieren Sie die passenden Antworten auf dem Antwortbogen. Achtung: Eine Frage bekommt keine Antwort (X).

## Fragen

### 10. Kerstin

Ich habe eine Frage zur Urlaubsregelung bei Teilzeitarbeit. Steht mir der gleiche Urlaubsanspruch wie Vollzeitkräften zu, oder gibt es Unterschiede?

### 11. Markus

Ich habe gehört, dass man seinen Urlaub nicht ins nächste Jahr übertragen kann. Stimmt das, oder gibt es Ausnahmen?

### 12. Lisa

Ich bin mir unsicher, wie sich eine Elternzeit auf meinen Urlaubsanspruch auswirkt. Verliere ich dadurch Urlaubstage oder werden sie ins nächste Jahr übertragen?

### 13. Tobias

Ich habe meinen Arbeitsvertrag durchgesehen und bin mir nicht sicher, ob ich alle Bestimmungen zu Überstunden und deren Vergütung richtig verstanden habe. Gibt es allgemeine Richtlinien, die ich beachten sollte, um sicherzustellen, dass ich korrekt bezahlt werde?

**Antworten**
**a. Anna**
Hallo Kerstin, Teilzeitkräfte haben einen anteiligen Urlaubsanspruch im Vergleich zu Vollzeitkräften. Die Berechnung erfolgt meist auf Basis der Arbeitstage pro Woche.

**b. Felix**
Hallo Markus, Urlaub kann unter bestimmten Bedingungen ins nächste Jahr übertragen werden. In der Regel muss er jedoch bis zum 31. März genommen werden.

**c. Sophie**
Hallo Lisa, während der Elternzeit wird der Urlaubsanspruch zwar nicht weiter aufgebaut, aber bestehende Urlaubstage verfallen nicht und können nach der Elternzeit genommen werden.

**d. Jonas**
Hallo Tobias, Überstundenregelungen können je nach Arbeitsvertrag und Tarifvertrag variieren. Generell sollten Überstunden erfasst und entweder durch Freizeitausgleich oder zusätzliche Vergütung abgegolten werden.

**e. Laura**
Hallo, es ist wichtig, die genauen Bestimmungen im Arbeitsvertrag zu überprüfen, da diese oft spezifische Regelungen zu Überstunden und deren Vergütung enthalten.

**f. Felix**
Hallo, es ist möglich, dass nicht genommener Urlaub ins nächste Jahr übertragen wird, aber dies hängt oft von den Vereinbarungen im Arbeitsvertrag ab.

Lesen Sie das Protokoll und beantworten Sie die Aufgaben (14-18). Bei jeder Aufgabe ist genau eine Antwort zutreffend (a/b/c). Markieren Sie diese direkt auf Ihrem Antwortbogen.

**Protokoll der Teambesprechung**
**Datum:** 30. Oktober 2023
**Zeit:** 13:00 - 15:00 Uhr
**Ort:** Konferenzraum D
**Anwesende:**
- Anja Fischer (AF), Ben Krause (BK), Clara Hoffmann (CH), David Lehmann (DL),
- Elena Richter (ER), Felix Neumann (FN)

**Tagesordnungspunkte:**

1. **Begrüßung und Einführung**

**AF** eröffnete die Sitzung und begrüßte alle Anwesenden. Sie stellte die Tagesordnung vor und betonte die Wichtigkeit der heutigen Themen für die Unternehmensentwicklung.

2. **Marktanalyse und Wettbewerbsfähigkeit**

**BK** präsentierte eine Marktanalyse und hob hervor, dass der Wettbewerb zunehmend intensiver wird. Er betonte die Notwendigkeit, die eigene Wettbewerbsfähigkeit durch Innovationen zu stärken. **CH** ergänzte, dass eine stärkere Kundenorientierung notwendig sei.

3. **Produktentwicklung und Design**

**DL** berichtete über die Fortschritte in der Produktentwicklung. Neue Designs sollen im nächsten Jahr eingeführt werden, um den aktuellen Trends zu entsprechen. **ER** fügte hinzu, dass die Zusammenarbeit mit Designern intensiviert werden soll.

4. **Vertriebsstrategien und Marketing**

**FN** stellte neue Vertriebsstrategien vor, die die Marktanteile erhöhen sollen. Er betonte die Wichtigkeit von digitalen Marketingkampagnen. **AF** schlug vor, regelmäßig Schulungen für das Marketingteam anzubieten, um die neuen Strategien effektiv umzusetzen.

5. **Finanzielle Lage und Investitionen**

**CH** präsentierte die aktuelle finanzielle Lage des Unternehmens. Sie wies darauf hin, dass Investitionen in neue Technologien notwendig sind, um wettbewerbsfähig zu bleiben. **BK** stimmte zu und regte an, einen Teil des Budgets für die Digitalisierung zu reservieren.

6. **Abschluss und nächste Schritte**

**ER** fasste die wichtigsten Punkte der Besprechung zusammen und schlug vor, in der nächsten Sitzung konkrete Maßnahmen zu den besprochenen Themen zu erarbeiten. **AF** schloss die Sitzung und dankte allen Teilnehmern für ihre Beiträge.

**14. Wer eröffnete die Sitzung?**
a) Ben Krause
b) Anja Fischer
c) Clara Hoffmann

**15. Was wurde laut Ben Krause als zunehmend intensiver beschrieben?**
a) Kundenbindung
b) Wettbewerb
c) Mitarbeiterzufriedenheit

**16. Worauf soll laut Felix Neumann der Fokus im Marketing liegen?**
a) Printwerbung
b) Digitale Kampagnen
c) Messen

**17. Wofür sollen laut Clara Hoffmann Investitionen getätigt werden?**
a) Neue Mitarbeiter
b) Technologien
c) Werbung

**18. Was soll laut Elena Richter in der nächsten Sitzung erarbeitet werden?**
a) Neue Produkte
b) Konkrete Maßnahmen
c) Urlaubstage

# Training 5

Sie haben eine Internetseite mit Artikeln zu Berufen und Wirtschaft entdeckt. Für Freunde wollen Sie passende Artikel heraussuchen und ihnen zusenden. Lesen Sie die Sätze und Artikel. Ordnen Sie den Personen 1-5 den jeweils passenden Artikel a-h zu. Markieren Sie die passende Lösung jeweils direkt auf dem Antwortbogen.

1. Berufliche Weiterbildung hilft, mit den neuesten Entwicklungen in der Branche Schritt zu halten.
2. Die Globalisierung schafft neue Märkte, stellt aber auch Herausforderungen für lokale Unternehmen dar.
3. Homeoffice bietet Flexibilität, erfordert aber auch Disziplin und Selbstorganisation.
4. Der Einsatz von Robotern in der Industrie erhöht die Effizienz, stellt aber auch Arbeitsplätze in Frage.
5. Praktika sind eine hervorragende Möglichkeit, Berufserfahrung zu sammeln und das eigene Netzwerk zu erweitern.

**a) Berufliche Weiterbildung**
Berufliche Weiterbildung ist unerlässlich, um mit den Veränderungen auf dem Arbeitsmarkt Schritt zu halten.

**b) Herausforderungen der Globalisierung**
Die Globalisierung beeinflusst die Arbeitswelt und erfordert Anpassungsfähigkeit und interkulturelle Kompetenz.

**c) Karriereplanung für Absolventen**
Eine gezielte Karriereplanung hilft Absolventen, ihre beruflichen Ziele zu erreichen.

**d) Homeoffice im Trend**
Immer mehr Unternehmen bieten die Möglichkeit, im Homeoffice zu arbeiten, was Flexibilität und eine bessere Work-Life-Balance ermöglicht.

**e) Bedeutung von Praktika**
Praktika bieten wertvolle Einblicke in die Berufswelt und helfen beim Aufbau von Netzwerken.

**f) Soziale Medien im Beruf**
Soziale Medien spielen eine wichtige Rolle im Berufsleben und bieten neue Möglichkeiten des Marketings und der Vernetzung.

**g) Nachhaltigkeit in Unternehmen**
Nachhaltigkeit wird für Unternehmen immer wichtiger und beeinflusst Geschäftsstrategien und -entscheidungen.

**h) Herausforderungen der Digitalisierung**
Die Digitalisierung verändert die Arbeitswelt und erfordert neue Fähigkeiten und Anpassungsbereitschaft.

## Lesen – Teil 2

Lesen Sie die Aufgaben 6-9 und ordnen Sie ihnen die passende Antwort (a/b/c) oder richtig/falsch zu.

### Text 1: Willkommen im Team

Herzlich willkommen in unserem Unternehmen! Wir freuen uns, Sie als neues Mitglied unseres Teams begrüßen zu dürfen. Ihr Einstieg ist ein wichtiger Schritt, und wir sind hier, um Sie zu unterstützen. In den ersten Wochen werden Sie verschiedene Abteilungen kennenlernen und an Einführungsschulungen teilnehmen. Diese Schulungen sind darauf ausgelegt, Ihnen einen umfassenden Überblick über unsere Arbeitsweise und unsere Unternehmenskultur zu geben. Wir ermutigen Sie, Fragen zu stellen und aktiv an den Schulungen teilzunehmen. Ihr persönlicher Mentor steht Ihnen jederzeit zur Seite, um bei Fragen oder Herausforderungen zu helfen. Unsere Unternehmenskultur basiert auf Offenheit und Zusammenarbeit, und wir sind überzeugt, dass Sie sich schnell bei uns einleben werden. Nochmals herzlich willkommen und viel Erfolg in Ihrer neuen Rolle!

**6** Sie werden ermutigt, Fragen zu stellen und aktiv teilzunehmen.

**7** Ihr Einstieg ist ...

1. ... ein unwichtiger Schritt.
2. ... ein wichtiger Schritt.
3. ... irrelevant für uns.

Lesen Sie die Aufgaben 6-9 und ordnen Sie ihnen die passende Antwort (a/b/c) oder richtig/falsch zu.

## Text 2: Einführung und Schulung

Willkommen zu Ihrem ersten Arbeitstag! Um Ihnen den Einstieg zu erleichtern, haben wir ein umfassendes Schulungsprogramm vorbereitet. Dieses Programm umfasst sowohl theoretische als auch praktische Einheiten, die Ihnen helfen sollen, sich schnell in Ihre neue Rolle einzufinden. Sie werden die Gelegenheit haben, sich mit den wichtigsten Tools und Verfahren vertraut zu machen, die in Ihrem Arbeitsbereich verwendet werden. Zudem ist ein Treffen mit Ihrem Teamleiter geplant, um Ihre individuellen Ziele und Erwartungen zu besprechen. Wir glauben, dass kontinuierliches Lernen der Schlüssel zum Erfolg ist und freuen uns darauf, Sie auf diesem Weg zu begleiten. Bitte zögern Sie nicht, sich bei Fragen oder Unsicherheiten an Ihren Vorgesetzten oder Ihre Kollegen zu wenden.

8   Es ist kein Treffen mit dem Teamleiter geplant.

9   Das Schulungsprogramm umfasst ...
      a.   ... nur theoretische Inhalte.
      b.   ... sowohl theoretische als auch praktische Einheiten.
      c.   ... keine praktischen Übungen.

**Lesen Teil 3**

Lesen Sie die Texte mit Fragen (10-13) und ordnen Sie die passende Antwort (a-f) zu. Markieren Sie die passenden Antworten auf dem Antwortbogen. Achtung: Eine Frage bekommt keine Antwort (X).

**Fragen**

**10. Nina**

Ich arbeite in einem kleinen Unternehmen und frage mich, ob es spezielle Regelungen für den Urlaubsanspruch in kleinen Betrieben gibt. Gibt es Unterschiede im Vergleich zu größeren Unternehmen?

**11. Paul**

Ich habe meinen Arbeitsvertrag kürzlich überprüft und bin auf eine Klausel gestoßen, die besagt, dass Urlaub nur in bestimmten Monaten genommen werden kann. Ist das rechtlich zulässig?

**12. Laura**

Ich habe gehört, dass es möglich ist, Urlaubstage zu verkaufen, wenn man sie nicht nimmt. Wie funktioniert das und ist das in Deutschland überhaupt erlaubt?

**13. Daniel**

Ich bin mir unsicher, wie sich eine längere Krankheit auf meinen Urlaubsanspruch auswirkt. Verliere ich dadurch Urlaubstage oder werden sie ins nächste Jahr übertragen?

**Antworten**

**a. Jana**

Hallo Nina, der gesetzliche Urlaubsanspruch gilt unabhängig von der Unternehmensgröße. Kleine Betriebe müssen sich an dieselben gesetzlichen Vorgaben halten wie größere Unternehmen.

**b. Tim**

Hallo Paul, grundsätzlich kann der Arbeitgeber im Rahmen seiner betrieblichen Möglichkeiten den Urlaubszeitraum festlegen. Allerdings sollte dies im Einklang mit den Arbeitnehmerinteressen stehen.

**c. Katrin**

Hallo Laura, in Deutschland ist es grundsätzlich nicht erlaubt, Urlaubstage zu verkaufen. Urlaub dient der Erholung und sollte auch genommen werden.

**d. Michael**

Hallo Daniel, bei einer längeren Krankheit verfällt der Urlaubsanspruch nicht sofort. Er kann ins nächste Jahr übertragen werden, sollte aber bis zum 31. März genommen werden.

**e. Stefan**

Hallo, die Regelungen zum Urlaubsanspruch sind unabhängig von der Größe des Unternehmens.

**f. Lisa**

Hallo, es ist wichtig, die genauen Regelungen im Arbeitsvertrag zu überprüfen, da diese oft spezifische Bestimmungen enthalten.

Lesen Sie das Protokoll und beantworten Sie die Aufgaben (14-18). Bei jeder Aufgabe ist genau eine Antwort zutreffend (a/b/c). Markieren Sie diese direkt auf Ihrem Antwortbogen.

**Protokoll der Teambesprechung**
**Datum:** 5. November 2023
**Zeit:** 10:00 - 12:00 Uhr
**Ort:** Konferenzraum E
**Anwesende:**
- Georg Mayer (GM)
- Hanna Bauer (HB)
- Ingo Schulze (IS)
- Jana Wolf (JW)
- Klaus Zimmermann (KZ)
- Laura Koch (LK)

**Tagesordnungspunkte:**
1. **Begrüßung und Einführung**

**GM** eröffnete die Sitzung und begrüßte die Anwesenden. Er stellte die Tagesordnung vor und betonte die Bedeutung der heutigen Themen für die Unternehmensentwicklung.
2. **Analyse der Markttrends**

**HB** präsentierte eine Analyse der aktuellen Markttrends. Sie hob hervor, dass der Trend zu nachhaltigen Produkten weiter zunimmt und das Unternehmen hier Potenzial für Wachstum sieht. **IS** ergänzte, dass die Konkurrenz ebenfalls verstärkt auf Nachhaltigkeit setzt.
3. **Produktentwicklung und Innovation**

**JW** berichtete über die Fortschritte in der Produktentwicklung. Ein neues Produkt soll im nächsten Quartal auf den Markt gebracht werden. **KZ** fügte hinzu, dass die Innovationsabteilung eng mit den Marketingteams zusammenarbeitet, um den Launch optimal vorzubereiten.
4. **Vertriebsstrategien und Kundenbindung**

**LK** stellte neue Vertriebsstrategien vor, die die Kundenbindung stärken sollen. Sie betonte die Wichtigkeit von personalisierten Angeboten und einem starken Kundenservice. **GM** schlug vor, regelmäßig Schulungen für das Vertriebsteam anzubieten, um die neuen Strategien effektiv umzusetzen.
5. **Finanzielle Lage und Investitionen**

**IS** präsentierte die aktuelle finanzielle Lage des Unternehmens. Er wies darauf hin, dass Investitionen in neue Technologien notwendig sind, um wettbewerbsfähig zu bleiben. **HB** stimmte zu und regte an, einen Teil des Budgets für die Digitalisierung zu reservieren.
6. **Abschluss und nächste Schritte**

**JW** fasste die wichtigsten Punkte der Besprechung zusammen und schlug vor, in der nächsten Sitzung konkrete Maßnahmen zu den besprochenen Themen zu erarbeiten. **GM** schloss die Sitzung und dankte allen Teilnehmern für ihre Beiträge.

**14. Wer eröffnete die Sitzung?**

a) Hanna Bauer

b) Georg Mayer

c) Laura Koch

**15. Welcher Markttrend wurde als wachsend identifiziert?**

a) Digitalisierung

b) Nachhaltigkeit

c) Automatisierung

**16. Wann soll das neue Produkt auf den Markt gebracht werden?**

a) Im nächsten Quartal

b) Im nächsten Jahr

c) In zwei Jahren

**17. Was betonte Laura Koch als wichtig für die Kundenbindung?**

a) Preisreduktionen

b) Personalisierte Angebote

c) Massenwerbung

**18. Wofür soll ein Teil des Budgets laut Ingo Schulze reserviert werden?**

a) Neue Mitarbeiter

b) Digitalisierung

c) Werbung

# Training 6

Sie haben eine Internetseite mit Artikeln zu Berufen und Wirtschaft entdeckt. Für Freunde wollen Sie passende Artikel heraussuchen und ihnen zusenden. Lesen Sie die Sätze und Artikel. Ordnen Sie den Personen 1-5 den jeweils passenden Artikel a-h zu. Markieren Sie die passende Lösung jeweils direkt auf dem Antwortbogen.

1. Praktika bieten Studierenden die Möglichkeit, wertvolle Berufserfahrung zu sammeln.
2. Die digitale Transformation verändert die Art und Weise, wie Unternehmen arbeiten und kommunizieren.
3. Selbstständigkeit erfordert Mut und Entschlossenheit, bietet aber auch die Freiheit, eigene Entscheidungen zu treffen.
4. Der Schutz der Meere ist entscheidend für die Erhaltung der Artenvielfalt und den Klimaschutz.
5. Eine gute Work-Life-Balance trägt zur Zufriedenheit und Produktivität der Mitarbeiter bei.

**a) Praktika für Studierende**
Praktika bieten Studierenden die Möglichkeit, praktische Erfahrungen zu sammeln und ihr theoretisches Wissen anzuwenden.

**b) Arbeitsmarkttrends 2023**
Der Arbeitsmarkt verändert sich ständig, und es ist wichtig, die aktuellen Trends zu kennen, um wettbewerbsfähig zu bleiben.

**c) Digitale Transformation**
Die digitale Transformation verändert Geschäftsprozesse und erfordert neue Kompetenzen.

**d) Selbstständigkeit als Karriereweg**
Selbstständigkeit bietet die Möglichkeit, eigene Ideen umzusetzen und unabhängig zu arbeiten.

**e) Berufliche Netzwerke**
Ein starkes berufliches Netzwerk kann den Karriereweg positiv beeinflussen und neue Chancen eröffnen.

**f) Weiterbildung im Beruf**
Berufliche Weiterbildung ist entscheidend, um mit den technologischen Entwicklungen Schritt zu halten.

**g) Work-Life-Balance**
Eine gute Work-Life-Balance ist wichtig für die Gesundheit und das Wohlbefinden der Mitarbeiter.

**h) Herausforderungen der Automatisierung**
Automatisierung verändert die Arbeitswelt und erfordert neue Fähigkeiten und Anpassungsbereitschaft.

**Lesen – Teil 2**

Lesen Sie die Aufgaben 6-9 und ordnen Sie ihnen die passende Antwort (a/b/c) oder richtig/falsch zu.

**Text 1: Willkommen im Team**

Herzlich willkommen in unserem Unternehmen! Wir freuen uns, Sie als neues Mitglied unseres Teams begrüßen zu dürfen. Ihr Einstieg ist ein wichtiger Schritt, und wir sind hier, um Sie zu unterstützen. In den ersten Wochen werden Sie verschiedene Abteilungen kennenlernen und an Einführungsschulungen teilnehmen. Diese Schulungen sind darauf ausgelegt, Ihnen einen umfassenden Überblick über unsere Arbeitsweise und unsere Unternehmenskultur zu geben. Wir ermutigen Sie, Fragen zu stellen und aktiv an den Schulungen teilnehmen. Ihr persönlicher Mentor steht Ihnen jederzeit zur Seite, um bei Fragen oder Herausforderungen zu helfen. Unsere Unternehmenskultur basiert auf Offenheit und Zusammenarbeit, und wir sind überzeugt, dass Sie sich schnell bei uns einleben werden. Nochmals herzlich willkommen und viel Erfolg in Ihrer neuen Rolle!

**6** Die Schulungen geben Ihnen einen Überblick über die Unternehmenskultur.

**7** Unsere Unternehmenskultur basiert auf ...
   a) ... Geheimhaltung.
   b) ... Offenheit und Zusammenarbeit.
   c) ... Konkurrenz.

Lesen Sie die Aufgaben 6-9 und ordnen Sie ihnen die passende Antwort (a/b/c) oder richtig/falsch zu.

**Text 2: Einführung und Schulung**

Willkommen zu Ihrem ersten Arbeitstag! Um Ihnen den Einstieg zu erleichtern, haben wir ein umfassendes Schulungsprogramm vorbereitet. Dieses Programm umfasst sowohl theoretische als auch praktische Einheiten, die Ihnen helfen sollen, sich schnell in Ihre neue Rolle einzufinden. Sie werden die Gelegenheit haben, sich mit den wichtigsten Tools und Verfahren vertraut zu machen, die in Ihrem Arbeitsbereich verwendet werden. Zudem ist ein Treffen mit Ihrem Teamleiter geplant, um Ihre individuellen Ziele und Erwartungen zu besprechen. Wir glauben, dass kontinuierliches Lernen der Schlüssel zum Erfolg ist und freuen uns darauf, Sie auf diesem Weg zu begleiten. Bitte zögern Sie nicht, sich bei Fragen oder Unsicherheiten an Ihren Vorgesetzten oder Ihre Kollegen zu wenden.

**8** Das Schulungsprogramm besteht ausschließlich aus theoretischen Einheiten.

**9** Sie werden die Gelegenheit haben, ...
  a. ... keine neuen Tools kennenzulernen.
  b. ... sich mit den wichtigsten Tools vertraut zu machen.
  c. ... ausschließlich theoretische Inhalte zu lernen.

## Lesen Teil 3

Lesen Sie die Texte mit Fragen (10-13) und ordnen Sie die passende Antwort (a-f) zu. Markieren Sie die passenden Antworten auf dem Antwortbogen. Achtung: Eine Frage bekommt keine Antwort (X).

## Fragen

### 10. Sven

Ich habe eine Frage zur Urlaubsplanung. Kann mein Arbeitgeber meinen Urlaub streichen, wenn es betriebliche Gründe gibt? Was passiert, wenn ich bereits gebucht habe?

### 11. Julia

Ich arbeite in einem internationalen Unternehmen und frage mich, ob es Unterschiede im Urlaubsanspruch für Mitarbeiter in Deutschland und anderen Ländern gibt.

### 12. Tom

Ich bin in der Probezeit und unsicher, ob ich bereits Urlaub nehmen darf. Gibt es spezifische Regelungen für den Urlaubsanspruch während der Probezeit?

### 13. Sarah

Ich habe gehört, dass Eltern von schulpflichtigen Kindern ein Vorrecht auf Urlaub in den Schulferien haben. Stimmt das und wie wird das geregelt?

**Antworten**

**a. Lena**

Hallo Sven, grundsätzlich kann der Arbeitgeber aus dringenden betrieblichen Gründen den Urlaub streichen. Bei bereits gebuchten Reisen sollte man versuchen, eine Einigung zu finden.

**b. Marco**

Hallo Julia, der Urlaubsanspruch kann je nach Land variieren. In Deutschland gibt es gesetzliche Mindestanforderungen, die je nach Tarifvertrag oder Betriebsvereinbarung erweitert werden können.

**c. Nina**

Hallo Tom, während der Probezeit besteht grundsätzlich ein Urlaubsanspruch. Allerdings kann der Arbeitgeber den Urlaub in dieser Zeit unter Umständen verweigern.

**d. Oliver**

Hallo Sarah, es gibt keine gesetzliche Regelung, die Eltern von schulpflichtigen Kindern ein Vorrecht auf Urlaub in den Schulferien einräumt.

**e. Lisa**

Hallo, es ist wichtig, die genauen Regelungen im Arbeitsvertrag zu überprüfen, da diese oft spezifische Bestimmungen enthalten.

**f. Tobias**

Hallo, der Urlaubsanspruch kann je nach Land und Unternehmenspolitik unterschiedlich sein.

Lesen Sie das Protokoll und beantworten Sie die Aufgaben (14-18). Bei jeder Aufgabe ist genau eine Antwort zutreffend (a/b/c). Markieren Sie diese direkt auf Ihrem Antwortbogen.

**Protokoll der Teambesprechung**
**Datum:** 10. November 2023
**Zeit:** 14:00 - 16:00 Uhr
**Ort:** Konferenzraum F
**Anwesende:**
- Markus Becker (MB)
- Nadine Fischer (NF)
- Oliver Schmidt (OS)
- Petra Wagner (PW)
- Quentin Müller (QM)
- Ralf Neumann (RN)

**Tagesordnungspunkte:**

1. **Begrüßung und Einführung**

**MB** eröffnete die Sitzung und begrüßte die Anwesenden. Er stellte die Tagesordnung vor und betonte die Bedeutung der heutigen Themen für die Unternehmensentwicklung.

2. **Analyse der Markttrends**

**NF** präsentierte eine Analyse der aktuellen Markttrends. Sie hob hervor, dass der Trend zu nachhaltigen Produkten weiter zunimmt und das Unternehmen hier Potenzial für Wachstum sieht. **OS** ergänzte, dass die Konkurrenz ebenfalls verstärkt auf Nachhaltigkeit setzt.

3. **Produktentwicklung und Innovation**

**PW** berichtete über die Fortschritte in der Produktentwicklung. Ein neues Produkt soll im nächsten Quartal auf den Markt gebracht werden. **QM** fügte hinzu, dass die Innovationsabteilung eng mit den Marketingteams zusammenarbeitet, um den Launch optimal vorzubereiten.

4. **Vertriebsstrategien und Kundenbindung**

**RN** stellte neue Vertriebsstrategien vor, die die Kundenbindung stärken sollen. Er betonte die Wichtigkeit von personalisierten Angeboten und einem starken Kundenservice. **MB** schlug vor, regelmäßig Schulungen für das Vertriebsteam anzubieten, um die neuen Strategien effektiv umzusetzen.

5. **Finanzielle Lage und Investitionen**

**OS** präsentierte die aktuelle finanzielle Lage des Unternehmens. Er wies darauf hin, dass Investitionen in neue Technologien notwendig sind, um wettbewerbsfähig zu bleiben. **NF** stimmte zu und regte an, einen Teil des Budgets für die Digitalisierung zu reservieren.

6. **Abschluss und nächste Schritte**

**PW** fasste die wichtigsten Punkte der Besprechung zusammen und schlug vor, in der nächsten Sitzung konkrete Maßnahmen zu den besprochenen Themen zu erarbeiten. **MB** schloss die Sitzung und dankte allen Teilnehmern für ihre Beiträge.

**14. Wer eröffnete die Sitzung?**
a) Nadine Fischer
b) Markus Becker
c) Oliver Schmidt

**15. Welcher Markttrend wurde als wachsend identifiziert?**
a) Digitalisierung
b) Nachhaltigkeit
c) Automatisierung

**16. Wann soll das neue Produkt auf den Markt gebracht werden?**
a) Im nächsten Quartal
b) Im nächsten Jahr
c) In zwei Jahren

**17. Was betonte Ralf Neumann als wichtig für die Kundenbindung?**
a) Preisreduktionen
b) Personalisierte Angebote
c) Massenwerbung

**18. Wofür soll ein Teil des Budgets laut Oliver Schmidt reserviert werden?**
a) Neue Mitarbeiter
b) Digitalisierung
c) Werbung

# Training 7

**Lesen – Teil 1**

Sie haben eine Internetseite mit Artikeln zu Berufen und Wirtschaft entdeckt. Für
Freunde wollen Sie passende Artikel heraussuchen und ihnen zusenden. Lesen Sie die
Sätze und Artikel. Ordnen Sie den Personen 1-5 den jeweils passenden Artikel a-h zu.
Markieren Sie die passende Lösung jeweils direkt auf dem Antwortbogen.

1. Berufliche Weiterbildung hilft, mit den neuesten Entwicklungen in der Branche
   Schritt zu halten.
2. Die Globalisierung schafft neue Märkte, stellt aber auch Herausforderungen für
   lokale Unternehmen dar.
3. Homeoffice bietet Flexibilität, erfordert aber auch Disziplin und Selbstorganisation.
4. Der Einsatz von Robotern in der Industrie erhöht die Effizienz, stellt aber auch
   Arbeitsplätze in Frage.
5. Praktika sind eine hervorragende Möglichkeit, Berufserfahrung zu sammeln und das
   eigene Netzwerk zu erweitern.

**a) Berufliche Weiterbildung**
Berufliche Weiterbildung ist unerlässlich, um mit den Veränderungen auf dem
Arbeitsmarkt Schritt zu halten.

**b) Herausforderungen der Globalisierung**
Die Globalisierung beeinflusst die Arbeitswelt und erfordert Anpassungsfähigkeit und
interkulturelle Kompetenz.

**c) Karriereplanung für Absolventen**
Eine gezielte Karriereplanung hilft Absolventen, ihre beruflichen Ziele zu erreichen.

**d) Homeoffice im Trend**
Immer mehr Unternehmen bieten die Möglichkeit, im Homeoffice zu arbeiten, was
Flexibilität und eine bessere Work-Life-Balance ermöglicht.

**e) Bedeutung von Praktika**
Praktika bieten wertvolle Einblicke in die Berufswelt und helfen beim Aufbau von
Netzwerken.

**f) Soziale Medien im Beruf**
Soziale Medien spielen eine wichtige Rolle im Berufsleben und bieten neue
Möglichkeiten des Marketings und der Vernetzung.

**g) Nachhaltigkeit in Unternehmen**
Nachhaltigkeit wird für Unternehmen immer wichtiger und beeinflusst
Geschäftsstrategien und -entscheidungen.

**h) Herausforderungen der Digitalisierung**
Die Digitalisierung verändert die Arbeitswelt und erfordert neue Fähigkeiten und
Anpassungsbereitschaft.

**Lesen – Teil 2**

Lesen Sie die Aufgaben 6-9 und ordnen Sie ihnen die passende Antwort (a/b/c) oder richtig/falsch zu.

**Text 1: Willkommen im Team**

Herzlich willkommen in unserem Unternehmen! Wir freuen uns, Sie als neues Mitglied unseres Teams begrüßen zu dürfen. Ihr Einstieg ist ein wichtiger Schritt, und wir sind hier, um Sie zu unterstützen. In den ersten Wochen werden Sie verschiedene Abteilungen kennenlernen und an Einführungsschulungen teilnehmen. Diese Schulungen sind darauf ausgelegt, Ihnen einen umfassenden Überblick über unsere Arbeitsweise und unsere Unternehmenskultur zu geben. Wir ermutigen Sie, Fragen zu stellen und aktiv an den Schulungen teilzunehmen. Ihr persönlicher Mentor steht Ihnen jederzeit zur Seite, um bei Fragen oder Herausforderungen zu helfen. Unsere Unternehmenskultur basiert auf Offenheit und Zusammenarbeit, und wir sind überzeugt, dass Sie sich schnell bei uns einleben werden. Nochmals herzlich willkommen und viel Erfolg in Ihrer neuen Rolle!

**6** Ihr Mentor wird Ihnen bei Fragen und Herausforderungen helfen.

**7** Unser Unternehmen legt großen Wert auf ...
1. ... Offenheit und Zusammenarbeit.
2. ... strikte Hierarchien und Einzelarbeit.
3. ... die Geheimhaltung von Informationen.

Lesen Sie die Aufgaben 6-9 und ordnen Sie ihnen die passende Antwort (a/b/c) oder richtig/falsch zu.

**Text 2: Einführung und Schulung**
Willkommen zu Ihrem ersten Arbeitstag! Um Ihnen den Einstieg zu erleichtern, haben wir ein umfassendes Schulungsprogramm vorbereitet. Dieses Programm umfasst sowohl theoretische als auch praktische Einheiten, die Ihnen helfen sollen, sich schnell in Ihre neue Rolle einzufinden. Sie werden die Gelegenheit haben, sich mit den wichtigsten Tools und Verfahren vertraut zu machen, die in Ihrem Arbeitsbereich verwendet werden. Zudem ist ein Treffen mit Ihrem Teamleiter geplant, um Ihre individuellen Ziele und Erwartungen zu besprechen. Wir glauben, dass kontinuierliches Lernen der Schlüssel zum Erfolg ist und freuen uns darauf, Sie auf diesem Weg zu begleiten. Bitte zögern Sie nicht, sich bei Fragen oder Unsicherheiten an Ihren Vorgesetzten oder Ihre Kollegen zu wenden.

8   Der Teamleiter wird Ihre individuellen Ziele mit Ihnen besprechen.

9   Das Schulungsprogramm umfasst ...
     a.  ... nur theoretische Einheiten.
     b.  ... sowohl theoretische als auch praktische Einheiten.
     c.  ... keine praktischen Übungen.

## Lesen Teil 3

Lesen Sie die Texte mit Fragen (10-13) und ordnen Sie die passende Antwort (a-f) zu. Markieren Sie die passenden Antworten auf dem Antwortbogen. Achtung: Eine Frage bekommt keine Antwort (X).

### Fragen
### 10. Kerstin

Ich habe eine Frage zur Urlaubsregelung bei Teilzeitarbeit. Steht mir der gleiche Urlaubsanspruch wie Vollzeitkräften zu, oder gibt es Unterschiede?

### 11. Markus

Ich habe gehört, dass man seinen Urlaub nicht ins nächste Jahr übertragen kann. Stimmt das, oder gibt es Ausnahmen?

### 12. Lisa

Ich bin mir unsicher, wie sich eine Elternzeit auf meinen Urlaubsanspruch auswirkt. Verliere ich dadurch Urlaubstage oder werden sie ins nächste Jahr übertragen?

### 13. Tobias

Ich habe meinen Arbeitsvertrag durchgesehen und bin mir nicht sicher, ob ich alle Bestimmungen zu Überstunden und deren Vergütung richtig verstanden habe. Gibt es allgemeine Richtlinien, die ich beachten sollte, um sicherzustellen, dass ich korrekt bezahlt werde?

**Antworten**

**a. Anna**

Hallo Kerstin, Teilzeitkräfte haben einen anteiligen Urlaubsanspruch im Vergleich zu Vollzeitkräften. Die Berechnung erfolgt meist auf Basis der Arbeitstage pro Woche.

**b. Felix**

Hallo Markus, Urlaub kann unter bestimmten Bedingungen ins nächste Jahr übertragen werden. In der Regel muss er jedoch bis zum 31. März genommen werden.

**c. Sophie**

Hallo Lisa, während der Elternzeit wird der Urlaubsanspruch zwar nicht weiter aufgebaut, aber bestehende Urlaubstage verfallen nicht und können nach der Elternzeit genommen werden.

**d. Jonas**

Hallo Tobias, Überstundenregelungen können je nach Arbeitsvertrag und Tarifvertrag variieren. Generell sollten Überstunden erfasst und entweder durch Freizeitausgleich oder zusätzliche Vergütung abgegolten werden.

**e. Laura**

Hallo, es ist wichtig, die genauen Bestimmungen im Arbeitsvertrag zu überprüfen, da diese oft spezifische Regelungen zu Überstunden und deren Vergütung enthalten.

**f. Felix**

Hallo, es ist möglich, dass nicht genommener Urlaub ins nächste Jahr übertragen wird, aber dies hängt oft von den Vereinbarungen im Arbeitsvertrag ab.

**Lesen – Teil 4**

Lesen Sie das Protokoll und beantworten Sie die Aufgaben (14-18). Bei jeder Aufgabe ist genau eine Antwort zutreffend (a/b/c). Markieren Sie diese direkt auf Ihrem Antwortbogen.

**Protokoll der Teambesprechung**
**Datum:** 15. November 2023
**Zeit:** 09:00 - 11:00 Uhr
**Ort:** Konferenzraum G
**Anwesende:**
- Stefan Müller (SM)
- Tanja Weber (TW)
- Uwe Fischer (UF)
- Vanessa Klein (VK)
- Wilhelm Bauer (WB)
- Xenia Richter (XR)

**Tagesordnungspunkte:**

1. **Begrüßung und Einführung**

**SM** eröffnete die Sitzung und begrüßte die Anwesenden. Er stellte die Tagesordnung vor und betonte die Bedeutung der heutigen Themen für die Unternehmensentwicklung.

2. **Analyse der Markttrends**

**TW** präsentierte eine Analyse der aktuellen Markttrends. Sie hob hervor, dass der Trend zu nachhaltigen Produkten weiter zunimmt und das Unternehmen hier Potenzial für Wachstum sieht. **UF** ergänzte, dass die Konkurrenz ebenfalls verstärkt auf Nachhaltigkeit setzt.

3. **Produktentwicklung und Innovation**

**VK** berichtete über die Fortschritte in der Produktentwicklung. Ein neues Produkt soll im nächsten Quartal auf den Markt gebracht werden. **WB** fügte hinzu, dass die Innovationsabteilung eng mit den Marketingteams zusammenarbeitet, um den Launch optimal vorzubereiten.

4. **Vertriebsstrategien und Kundenbindung**

**XR** stellte neue Vertriebsstrategien vor, die die Kundenbindung stärken sollen. Sie betonte die Wichtigkeit von personalisierten Angeboten und einem starken Kundenservice. **SM** schlug vor, regelmäßig Schulungen für das Vertriebsteam anzubieten, um die neuen Strategien effektiv umzusetzen.

5. **Finanzielle Lage und Investitionen**

**UF** präsentierte die aktuelle finanzielle Lage des Unternehmens. Er wies darauf hin, dass Investitionen in neue Technologien notwendig sind, um wettbewerbsfähig zu bleiben. **TW** stimmte zu und regte an, einen Teil des Budgets für die Digitalisierung zu reservieren.

6. **Abschluss und nächste Schritte**

**VK** fasste die wichtigsten Punkte der Besprechung zusammen und schlug vor, in der nächsten Sitzung konkrete Maßnahmen zu den besprochenen Themen zu erarbeiten. **SM** schloss die Sitzung und dankte allen Teilnehmern für ihre Beiträge.

**14. Wer eröffnete die Sitzung?**
a) Tanja Weber
b) Stefan Müller
c) Xenia Richter

**15. Welcher Markttrend wurde als wachsend identifiziert?**
a) Digitalisierung
b) Nachhaltigkeit
c) Automatisierung

**16. Wann soll das neue Produkt auf den Markt gebracht werden?**
a) Im nächsten Quartal
b) Im nächsten Jahr
c) In zwei Jahren

**17. Was betonte Xenia Richter als wichtig für die Kundenbindung?**
a) Preisreduktionen
b) Personalisierte Angebote
c) Massenwerbung

**18. Wofür soll ein Teil des Budgets laut Uwe Fischer reserviert werden?**
a) Neue Mitarbeiter
b) Digitalisierung
c) Werbung

# Training 8

Sie haben eine Internetseite mit Artikeln zu Berufen und Wirtschaft entdeckt. Für Freunde wollen Sie passende Artikel heraussuchen und ihnen zusenden. Lesen Sie die Sätze und Artikel. Ordnen Sie den Personen 1-5 den jeweils passenden Artikel a-h zu. Markieren Sie die passende Lösung jeweils direkt auf dem Antwortbogen.

1. Praktika bieten Studierenden die Möglichkeit, wertvolle Berufserfahrung zu sammeln.
2. Die digitale Transformation verändert die Art und Weise, wie Unternehmen arbeiten und kommunizieren.
3. Selbstständigkeit erfordert Mut und Entschlossenheit, bietet aber auch die Freiheit, eigene Entscheidungen zu treffen.
4. Der Schutz der Meere ist entscheidend für die Erhaltung der Artenvielfalt und den Klimaschutz.
5. Eine gute Work-Life-Balance trägt zur Zufriedenheit und Produktivität der Mitarbeiter bei.

**a) Praktika für Studierende**
Praktika bieten Studierenden die Möglichkeit, praktische Erfahrungen zu sammeln und ihr theoretisches Wissen anzuwenden.

**b) Arbeitsmarkttrends 2023**
Der Arbeitsmarkt verändert sich ständig, und es ist wichtig, die aktuellen Trends zu kennen, um wettbewerbsfähig zu bleiben.

**c) Digitale Transformation**
Die digitale Transformation verändert Geschäftsprozesse und erfordert neue Kompetenzen.

**d) Selbstständigkeit als Karriereweg**
Selbstständigkeit bietet die Möglichkeit, eigene Ideen umzusetzen und unabhängig zu arbeiten.

**e) Berufliche Netzwerke**
Ein starkes berufliches Netzwerk kann den Karriereweg positiv beeinflussen und neue Chancen eröffnen.

**f) Weiterbildung im Beruf**
Berufliche Weiterbildung ist entscheidend, um mit den technologischen Entwicklungen Schritt zu halten.

**g) Work-Life-Balance**
Eine gute Work-Life-Balance ist wichtig für die Gesundheit und das Wohlbefinden der Mitarbeiter.

**h) Herausforderungen der Automatisierung**
Automatisierung verändert die Arbeitswelt und erfordert neue Fähigkeiten und Anpassungsbereitschaft.

## Lesen – Teil 2

Lesen Sie die Aufgaben 6-9 und ordnen Sie ihnen die passende Antwort (a/b/c) oder richtig/falsch zu.

### Text 1: Willkommen im Team

Herzlich willkommen in unserem Unternehmen! Wir freuen uns, Sie als neues Mitglied unseres Teams begrüßen zu dürfen. Ihr Einstieg ist ein wichtiger Schritt, und wir sind hier, um Sie zu unterstützen. In den ersten Wochen werden Sie verschiedene Abteilungen kennenlernen und an Einführungsschulungen teilnehmen. Diese Schulungen sind darauf ausgelegt, Ihnen einen umfassenden Überblick über unsere Arbeitsweise und unsere Unternehmenskultur zu geben. Wir ermutigen Sie, Fragen zu stellen und aktiv an den Schulungen teilzunehmen. Ihr persönlicher Mentor steht Ihnen jederzeit zur Seite, um bei Fragen oder Herausforderungen zu helfen. Unsere Unternehmenskultur basiert auf Offenheit und Zusammenarbeit, und wir sind überzeugt, dass Sie sich schnell bei uns einleben werden. Nochmals herzlich willkommen und viel Erfolg in Ihrer neuen Rolle!

**6** Sie werden in den ersten Wochen keine Abteilungen kennenlernen.

**7** Ihr persönlicher Mentor steht Ihnen ...

    a) ... nur gelegentlich zur Seite.

    b) ... jederzeit zur Seite.

    c) ... nicht zur Verfügung.

Lesen Sie die Aufgaben 6-9 und ordnen Sie ihnen die passende Antwort (a/b/c) oder richtig/falsch zu.

**Text 2: Einführung und Schulung**

Willkommen zu Ihrem ersten Arbeitstag! Um Ihnen den Einstieg zu erleichtern, haben wir ein umfassendes Schulungsprogramm vorbereitet. Dieses Programm umfasst sowohl theoretische als auch praktische Einheiten, die Ihnen helfen sollen, sich schnell in Ihre neue Rolle einzufinden. Sie werden die Gelegenheit haben, sich mit den wichtigsten Tools und Verfahren vertraut zu machen, die in Ihrem Arbeitsbereich verwendet werden. Zudem ist ein Treffen mit Ihrem Teamleiter geplant, um Ihre individuellen Ziele und Erwartungen zu besprechen. Wir glauben, dass kontinuierliches Lernen der Schlüssel zum Erfolg ist und freuen uns darauf, Sie auf diesem Weg zu begleiten. Bitte zögern Sie nicht, sich bei Fragen oder Unsicherheiten an Ihren Vorgesetzten oder Ihre Kollegen zu wenden.

**8** Das Schulungsprogramm besteht nur aus praktischen Einheiten.

**9** Sie werden die Gelegenheit haben, ...
   a) ... sich mit den wichtigsten Tools vertraut zu machen.
   b) ... keine neuen Tools kennenzulernen.
   c) ... ausschließlich theoretische Inhalte zu lernen.

## Lesen Teil 3

Lesen Sie die Texte mit Fragen (10-13) und ordnen Sie die passende Antwort (a-f) zu. Markieren Sie die passenden Antworten auf dem Antwortbogen. Achtung: Eine Frage bekommt keine Antwort (X).

### Fragen

**10. Nina**

Ich arbeite in einem kleinen Unternehmen und frage mich, ob es spezielle Regelungen für den Urlaubsanspruch in kleinen Betrieben gibt. Gibt es Unterschiede im Vergleich zu größeren Unternehmen?

**11. Paul**

Ich habe meinen Arbeitsvertrag kürzlich überprüft und bin auf eine Klausel gestoßen, die besagt, dass Urlaub nur in bestimmten Monaten genommen werden kann. Ist das rechtlich zulässig?

**12. Laura**

Ich habe gehört, dass es möglich ist, Urlaubstage zu verkaufen, wenn man sie nicht nimmt. Wie funktioniert das und ist das in Deutschland überhaupt erlaubt?

**13. Daniel**

Ich bin mir unsicher, wie sich eine längere Krankheit auf meinen Urlaubsanspruch auswirkt. Verliere ich dadurch Urlaubstage oder werden sie ins nächste Jahr übertragen?

**Antworten**

**a. Jana**

Hallo Nina, der gesetzliche Urlaubsanspruch gilt unabhängig von der Unternehmensgröße. Kleine Betriebe müssen sich an dieselben gesetzlichen Vorgaben halten wie größere Unternehmen.

**b. Tim**

Hallo Paul, grundsätzlich kann der Arbeitgeber im Rahmen seiner betrieblichen Möglichkeiten den Urlaubszeitraum festlegen. Allerdings sollte dies im Einklang mit den Arbeitnehmerinteressen stehen.

**c. Katrin**

Hallo Laura, in Deutschland ist es grundsätzlich nicht erlaubt, Urlaubstage zu verkaufen. Urlaub dient der Erholung und sollte auch genommen werden.

**d. Michael**

Hallo Daniel, bei einer längeren Krankheit verfällt der Urlaubsanspruch nicht sofort. Er kann ins nächste Jahr übertragen werden, sollte aber bis zum 31. März genommen werden.

**e. Stefan**

Hallo, die Regelungen zum Urlaubsanspruch sind unabhängig von der Größe des Unternehmens.

**f. Lisa**

Hallo, es ist wichtig, die genauen Regelungen im Arbeitsvertrag zu überprüfen, da diese oft spezifische Bestimmungen enthalten.

**Lesen – Teil 4**

Lesen Sie das Protokoll und beantworten Sie die Aufgaben (14-18). Bei jeder Aufgabe ist genau eine Antwort zutreffend (a/b/c). Markieren Sie diese direkt auf Ihrem Antwortbogen.

**Protokoll der Teambesprechung**
**Datum:** 20. November 2023
**Zeit:** 13:00 - 15:00 Uhr
**Ort:** Konferenzraum H
**Anwesende:**
- Yvonne Schmidt (YS)
- Zacharias Braun (ZB)
- Anna Fischer (AF)
- Ben Krause (BK)
- Clara Hoffmann (CH)
- David Lehmann (DL)

**Tagesordnungspunkte:**

1. **Begrüßung und Einführung**

**YS** eröffnete die Sitzung und begrüßte die Anwesenden. Sie stellte die Tagesordnung vor und betonte die Bedeutung der heutigen Themen für die Unternehmensentwicklung.

2. **Marktanalyse und Wettbewerbsfähigkeit**

**ZB** präsentierte eine Marktanalyse und hob hervor, dass der Wettbewerb zunehmend intensiver wird. Er betonte die Notwendigkeit, die eigene Wettbewerbsfähigkeit durch Innovationen zu stärken. **AF** ergänzte, dass eine stärkere Kundenorientierung notwendig sei.

3. **Produktentwicklung und Design**

**BK** berichtete über die Fortschritte in der Produktentwicklung. Neue Designs sollen im nächsten Jahr eingeführt werden, um den aktuellen Trends zu entsprechen. **CH** fügte hinzu, dass die Zusammenarbeit mit Designern intensiviert werden soll.

4. **Vertriebsstrategien und Marketing**

**DL** stellte neue Vertriebsstrategien vor, die die Marktanteile erhöhen sollen. Er betonte die Wichtigkeit von digitalen Marketingkampagnen. **YS** schlug vor, regelmäßig Schulungen für das Marketingteam anzubieten, um die neuen Strategien effektiv umzusetzen.

5. **Finanzielle Lage und Investitionen**

**AF** präsentierte die aktuelle finanzielle Lage des Unternehmens. Sie wies darauf hin, dass Investitionen in neue Technologien notwendig sind, um wettbewerbsfähig zu bleiben. **ZB** stimmte zu und regte an, einen Teil des Budgets für die Digitalisierung zu reservieren.

6. **Abschluss und nächste Schritte**

**CH** fasste die wichtigsten Punkte der Besprechung zusammen und schlug vor, in der nächsten Sitzung konkrete Maßnahmen zu den besprochenen Themen zu erarbeiten. **YS** schloss die Sitzung und dankte allen Teilnehmern für ihre Beiträge.

**14. Wer eröffnete die Sitzung?**
a) Zacharias Braun
b) Yvonne Schmidt
c) Clara Hoffmann

**15. Was wurde laut Zacharias Braun als zunehmend intensiver beschrieben?**
a) Kundenbindung
b) Wettbewerb
c) Mitarbeiterzufriedenheit

**16. Wann sollen die neuen Designs eingeführt werden?**
a) Im nächsten Quartal
b) Im nächsten Jahr
c) In zwei Jahren

**17. Worauf soll laut David Lehmann der Fokus im Marketing liegen?**
a) Printwerbung
b) Digitale Kampagnen
c) Messen

**18. Wofür sollen laut Anna Fischer Investitionen getätigt werden?**
a) Neue Mitarbeiter
b) Technologien
c) Werbung

# Training 9

Sie haben eine Internetseite mit Artikeln zu Berufen und Wirtschaft entdeckt. Für Freunde wollen Sie passende Artikel heraussuchen und ihnen zusenden. Lesen Sie die Sätze und Artikel. Ordnen Sie den Personen 1-5 den jeweils passenden Artikel a-h zu. Markieren Sie die passende Lösung jeweils direkt auf dem Antwortbogen.

1. Berufliche Weiterbildung hilft, mit den neuesten Entwicklungen in der Branche Schritt zu halten.
2. Die Globalisierung schafft neue Märkte, stellt aber auch Herausforderungen für lokale Unternehmen dar.
3. Homeoffice bietet Flexibilität, erfordert aber auch Disziplin und Selbstorganisation.
4. Der Einsatz von Robotern in der Industrie erhöht die Effizienz, stellt aber auch Arbeitsplätze in Frage.
5. Praktika sind eine hervorragende Möglichkeit, Berufserfahrung zu sammeln und das eigene Netzwerk zu erweitern.

**a) Berufliche Weiterbildung**
Berufliche Weiterbildung ist unerlässlich, um mit den Veränderungen auf dem Arbeitsmarkt Schritt zu halten.

**b) Herausforderungen der Globalisierung**
Die Globalisierung beeinflusst die Arbeitswelt und erfordert Anpassungsfähigkeit und interkulturelle Kompetenz.

**c) Karriereplanung für Absolventen**
Eine gezielte Karriereplanung hilft Absolventen, ihre beruflichen Ziele zu erreichen.

**d) Homeoffice im Trend**
Immer mehr Unternehmen bieten die Möglichkeit, im Homeoffice zu arbeiten, was Flexibilität und eine bessere Work-Life-Balance ermöglicht.

**e) Bedeutung von Praktika**
Praktika bieten wertvolle Einblicke in die Berufswelt und helfen beim Aufbau von Netzwerken.

**f) Soziale Medien im Beruf**
Soziale Medien spielen eine wichtige Rolle im Berufsleben und bieten neue Möglichkeiten des Marketings und der Vernetzung.

**g) Nachhaltigkeit in Unternehmen**
Nachhaltigkeit wird für Unternehmen immer wichtiger und beeinflusst Geschäftsstrategien und -entscheidungen.

**h) Herausforderungen der Digitalisierung**
Die Digitalisierung verändert die Arbeitswelt und erfordert neue Fähigkeiten und Anpassungsbereitschaft.

## Lesen – Teil 2

Lesen Sie die Aufgaben 6-9 und ordnen Sie ihnen die passende Antwort (a/b/c) oder richtig/falsch zu.

### Text 1: Willkommen im Team

Herzlich willkommen in unserem Unternehmen! Wir freuen uns, Sie als neues Mitglied unseres Teams begrüßen zu dürfen. Ihr Einstieg ist ein wichtiger Schritt, und wir sind hier, um Sie zu unterstützen. In den ersten Wochen werden Sie verschiedene Abteilungen kennenlernen und an Einführungsschulungen teilnehmen. Diese Schulungen sind darauf ausgelegt, Ihnen einen umfassenden Überblick über unsere Arbeitsweise und unsere Unternehmenskultur zu geben. Wir ermutigen Sie, Fragen zu stellen und aktiv an den Schulungen teilzunehmen. Ihr persönlicher Mentor steht Ihnen jederzeit zur Seite, um bei Fragen oder Herausforderungen zu helfen. Unsere Unternehmenskultur basiert auf Offenheit und Zusammenarbeit, und wir sind überzeugt, dass Sie sich schnell bei uns einleben werden. Nochmals herzlich willkommen und viel Erfolg in Ihrer neuen Rolle!

**6** Die Unternehmenskultur basiert auf Konkurrenz und Wettbewerb.

**7** In den ersten Wochen werden Sie ...
   a) ... verschiedene Abteilungen kennenlernen.
   b) ... nur in Ihrem Büro arbeiten.
   c) ... keine Schulungen besuchen.

Lesen Sie die Aufgaben 6-9 und ordnen Sie ihnen die passende Antwort (a/b/c) oder richtig/falsch zu.

**Text 2: Einführung und Schulung**

Willkommen zu Ihrem ersten Arbeitstag! Um Ihnen den Einstieg zu erleichtern, haben wir ein umfassendes Schulungsprogramm vorbereitet. Dieses Programm umfasst sowohl theoretische als auch praktische Einheiten, die Ihnen helfen sollen, sich schnell in Ihre neue Rolle einzufinden. Sie werden die Gelegenheit haben, sich mit den wichtigsten Tools und Verfahren vertraut zu machen, die in Ihrem Arbeitsbereich verwendet werden. Zudem ist ein Treffen mit Ihrem Teamleiter geplant, um Ihre individuellen Ziele und Erwartungen zu besprechen. Wir glauben, dass kontinuierliches Lernen der Schlüssel zum Erfolg ist und freuen uns darauf, Sie auf diesem Weg zu begleiten. Bitte zögern Sie nicht, sich bei Fragen oder Unsicherheiten an Ihren Vorgesetzten oder Ihre Kollegen zu wenden.

**8** Sie werden keine Gelegenheit haben, sich mit den Tools vertraut zu machen.

**9** Kontinuierliches Lernen ist ...
- a.  ... unwichtig für den Erfolg.
- b.  ... der Schlüssel zum Erfolg.
- c.  ... nur für neue Mitarbeiter relevant.

## Lesen Teil 3

Lesen Sie die Texte mit Fragen (10-13) und ordnen Sie die passende Antwort (a-f) zu. Markieren Sie die passenden Antworten auf dem Antwortbogen. Achtung: Eine Frage bekommt keine Antwort (X).

### Fragen

**10. Sven**

Ich habe eine Frage zur Urlaubsplanung. Kann mein Arbeitgeber meinen Urlaub streichen, wenn es betriebliche Gründe gibt? Was passiert, wenn ich bereits gebucht habe?

**11. Julia**

Ich arbeite in einem internationalen Unternehmen und frage mich, ob es Unterschiede im Urlaubsanspruch für Mitarbeiter in Deutschland und anderen Ländern gibt.

**12. Tom**

Ich bin in der Probezeit und unsicher, ob ich bereits Urlaub nehmen darf. Gibt es spezifische Regelungen für den Urlaubsanspruch während der Probezeit?

**13. Sarah**

Ich habe gehört, dass Eltern von schulpflichtigen Kindern ein Vorrecht auf Urlaub in den Schulferien haben. Stimmt das und wie wird das geregelt?

**Antworten**

**a.**

Hallo Sven, grundsätzlich kann der Arbeitgeber aus dringenden betrieblichen Gründen den Urlaub streichen. Bei bereits gebuchten Reisen sollte man versuchen, eine Einigung zu finden. – **Lena**

**b.**

Hallo Julia, der Urlaubsanspruch kann je nach Land variieren. In Deutschland gibt es gesetzliche Mindestanforderungen, die je nach Tarifvertrag oder Betriebsvereinbarung erweitert werden können. – **Marco**

**c.**

Hallo Tom, während der Probezeit besteht grundsätzlich ein Urlaubsanspruch. Allerdings kann der Arbeitgeber den Urlaub in dieser Zeit unter Umständen verweigern. – **Nina**

**d.**

Hallo Sarah, es gibt keine gesetzliche Regelung, die Eltern von schulpflichtigen Kindern ein Vorrecht auf Urlaub in den Schulferien einräumt. – **Oliver**

**e.**

Hallo, es ist wichtig, die genauen Regelungen im Arbeitsvertrag zu überprüfen, da diese oft spezifische Bestimmungen enthalten. – **Lisa**

**f.**

Hallo, der Urlaubsanspruch kann je nach Land und Unternehmenspolitik unterschiedlich sein. – **Tobias**

**Lesen – Teil 4**

Lesen Sie das Protokoll und beantworten Sie die Aufgaben (14-18). Bei jeder Aufgabe ist genau eine Antwort zutreffend (a/b/c). Markieren Sie diese direkt auf Ihrem Antwortbogen.

**Protokoll der Teambesprechung**
**Datum:** 25. November 2023
**Zeit:** 10:00 - 12:00 Uhr
**Ort:** Konferenzraum I
**Anwesende:**
- Frank Müller (FM)
- Gisela Weber (GW)
- Hans Richter (HR)
- Ingrid Bauer (IB)
- Janina Koch (JK)
- Karl Neumann (KN)

**Tagesordnungspunkte:**

1. **Begrüßung und Einführung**

**FM** eröffnete die Sitzung und begrüßte die Anwesenden. Er stellte die Tagesordnung vor und betonte die Bedeutung der heutigen Themen für die Unternehmensentwicklung.

2. **Rückblick auf das letzte Quartal**

**GW** präsentierte die Ergebnisse des letzten Quartals. Sie hob hervor, dass die Umsatzzahlen um 15% gestiegen sind, was vor allem auf die erfolgreiche Einführung des neuen Produkts zurückzuführen ist. **HR** ergänzte, dass die Kundenzufriedenheit ebenfalls gestiegen sei.

3. **Aktuelle Projekte und Fortschritte**

**IB** berichtete über den aktuellen Stand der Projekte. Das Projekt "EcoTech" sei im Zeitplan und die Entwicklung laufe reibungslos. **JK** fügte hinzu, dass die Zusammenarbeit mit den externen Partnern bisher sehr positiv verlaufen sei.

4. **Strategische Planung für das kommende Jahr**

**KN** stellte die strategische Planung für das kommende Jahr vor. Er betonte die Notwendigkeit, sich auf nachhaltige Geschäftspraktiken zu konzentrieren und die Digitalisierung weiter voranzutreiben. **FM** schlug vor, ein Team für die Entwicklung digitaler Lösungen zu bilden.

5. **Budgetplanung und Ressourcenallokation**

**GW** präsentierte den Entwurf für die Budgetplanung. Sie wies darauf hin, dass mehr Mittel für Forschung und Entwicklung bereitgestellt werden sollten. **HR** stimmte zu und betonte, dass Investitionen in neue Technologien langfristig die Wettbewerbsfähigkeit sichern könnten.

6. **Sonstiges und Abschluss**

**IB** brachte das Thema Mitarbeiterzufriedenheit zur Sprache und schlug vor, regelmäßige Feedbackrunden einzuführen. **KN** unterstützte den Vorschlag und regte an, eine anonyme Umfrage zu starten. **FM** schloss die Sitzung und dankte allen Teilnehmern.

## 14. Wer eröffnete die Sitzung?
a) Gisela Weber
b) Frank Müller
c) Karl Neumann

## 15. Welche Steigerung der Umsatzzahlen wurde im letzten Quartal erreicht?
a) 10%
b) 15%
c) 20%

## 16. Welches Projekt erwähnte Ingrid Bauer als im Zeitplan?
a) GreenTech
b) EcoTech
c) BlueTech

## 17. Worauf soll laut Karl Neumann im kommenden Jahr der Fokus liegen?
a) Kostenreduktion
b) Nachhaltige Geschäftspraktiken
c) Produktdiversifikation

## 18. Was schlug Ingrid Bauer zur Verbesserung der Mitarbeiterzufriedenheit vor?
a) Gehaltserhöhungen
b) Regelmäßige Feedbackrunden
c) Mehr Urlaubstage

# Training 10

Sie haben eine Internetseite mit Artikeln zu Berufen und Wirtschaft entdeckt. Für Freunde wollen Sie passende Artikel heraussuchen und ihnen zusenden. Lesen Sie die Sätze und Artikel. Ordnen Sie den Personen 1-5 den jeweils passenden Artikel a-h zu. Markieren Sie die passende Lösung jeweils direkt auf dem Antwortbogen.

1. Praktika bieten Studierenden die Möglichkeit, wertvolle Berufserfahrung zu sammeln.
2. Die digitale Transformation verändert die Art und Weise, wie Unternehmen arbeiten und kommunizieren.
3. Selbstständigkeit erfordert Mut und Entschlossenheit, bietet aber auch die Freiheit, eigene Entscheidungen zu treffen.
4. Der Schutz der Meere ist entscheidend für die Erhaltung der Artenvielfalt und den Klimaschutz.
5. Eine gute Work-Life-Balance trägt zur Zufriedenheit und Produktivität der Mitarbeiter bei.

**a) Praktika für Studierende**
Praktika bieten Studierenden die Möglichkeit, praktische Erfahrungen zu sammeln und ihr theoretisches Wissen anzuwenden.

**b) Arbeitsmarkttrends 2023**
Der Arbeitsmarkt verändert sich ständig, und es ist wichtig, die aktuellen Trends zu kennen, um wettbewerbsfähig zu bleiben.

**c) Digitale Transformation**
Die digitale Transformation verändert Geschäftsprozesse und erfordert neue Kompetenzen.

**d) Selbstständigkeit als Karriereweg**
Selbstständigkeit bietet die Möglichkeit, eigene Ideen umzusetzen und unabhängig zu arbeiten.

**e) Berufliche Netzwerke**
Ein starkes berufliches Netzwerk kann den Karriereweg positiv beeinflussen und neue Chancen eröffnen.

**f) Weiterbildung im Beruf**
Berufliche Weiterbildung ist entscheidend, um mit den technologischen Entwicklungen Schritt zu halten.

**g) Work-Life-Balance**
Eine gute Work-Life-Balance ist wichtig für die Gesundheit und das Wohlbefinden der Mitarbeiter.

**h) Herausforderungen der Automatisierung**
Automatisierung verändert die Arbeitswelt und erfordert neue Fähigkeiten und Anpassungsbereitschaft.

## Lesen – Teil 2

Lesen Sie die Aufgaben 6-9 und ordnen Sie ihnen die passende Antwort (a/b/c) oder richtig/falsch zu.

### Text 1: Willkommen im Team

Herzlich willkommen in unserem Unternehmen! Wir freuen uns, Sie als neues Mitglied unseres Teams begrüßen zu dürfen. Ihr Einstieg ist ein wichtiger Schritt, und wir sind hier, um Sie zu unterstützen. In den ersten Wochen werden Sie verschiedene Abteilungen kennenlernen und an Einführungsschulungen teilnehmen. Diese Schulungen sind darauf ausgelegt, Ihnen einen umfassenden Überblick über unsere Arbeitsweise und unsere Unternehmenskultur zu geben. Wir ermutigen Sie, Fragen zu stellen und aktiv an den Schulungen teilzunehmen. Ihr persönlicher Mentor steht Ihnen jederzeit zur Seite, um bei Fragen oder Herausforderungen zu helfen. Unsere Unternehmenskultur basiert auf Offenheit und Zusammenarbeit, und wir sind überzeugt, dass Sie sich schnell bei uns einleben werden. Nochmals herzlich willkommen und viel Erfolg in Ihrer neuen Rolle!

**6** Sie werden ermutigt, Fragen zu stellen und aktiv teilzunehmen.

**7** Ihr Einstieg ist …
1. … ein unwichtiger Schritt.
2. … ein wichtiger Schritt.
3. … irrelevant für uns.

Lesen Sie die Aufgaben 6-9 und ordnen Sie ihnen die passende Antwort (a/b/c) oder richtig/falsch zu.

**Text 2: Einführung und Schulung**

Willkommen zu Ihrem ersten Arbeitstag! Um Ihnen den Einstieg zu erleichtern, haben wir ein umfassendes Schulungsprogramm vorbereitet. Dieses Programm umfasst sowohl theoretische als auch praktische Einheiten, die Ihnen helfen sollen, sich schnell in Ihre neue Rolle einzufinden. Sie werden die Gelegenheit haben, sich mit den wichtigsten Tools und Verfahren vertraut zu machen, die in Ihrem Arbeitsbereich verwendet werden. Zudem ist ein Treffen mit Ihrem Teamleiter geplant, um Ihre individuellen Ziele und Erwartungen zu besprechen. Wir glauben, dass kontinuierliches Lernen der Schlüssel zum Erfolg ist und freuen uns darauf, Sie auf diesem Weg zu begleiten. Bitte zögern Sie nicht, sich bei Fragen oder Unsicherheiten an Ihren Vorgesetzten oder Ihre Kollegen zu wenden.

**8** Es ist kein Treffen mit dem Teamleiter geplant.

**9** Das Schulungsprogramm umfasst ...
   a) ... nur theoretische Inhalte.
   b) ... sowohl theoretische als auch praktische Einheiten.
   c) ... keine praktischen Übungen.

## Lesen Teil 3

Lesen Sie die Texte mit Fragen (10-13) und ordnen Sie die passende Antwort (a-f) zu. Markieren Sie die passenden Antworten auf dem Antwortbogen. Achtung: Eine Frage bekommt keine Antwort (X).

## Fragen

### 10. Kerstin

Ich habe eine Frage zur Urlaubsregelung bei Teilzeitarbeit. Steht mir der gleiche Urlaubsanspruch wie Vollzeitkräften zu, oder gibt es Unterschiede?

### 11. Markus

Ich habe gehört, dass man seinen Urlaub nicht ins nächste Jahr übertragen kann. Stimmt das, oder gibt es Ausnahmen?

### 12. Lisa

Ich bin mir unsicher, wie sich eine Elternzeit auf meinen Urlaubsanspruch auswirkt. Verliere ich dadurch Urlaubstage oder werden sie ins nächste Jahr übertragen?

### 13. Tobias

Ich habe meinen Arbeitsvertrag durchgesehen und bin mir nicht sicher, ob ich alle Bestimmungen zu Überstunden und deren Vergütung richtig verstanden habe. Gibt es allgemeine Richtlinien, die ich beachten sollte, um sicherzustellen, dass ich korrekt bezahlt werde?

**Antworten**

**a. Anna**

Hallo Kerstin, Teilzeitkräfte haben einen anteiligen Urlaubsanspruch im Vergleich zu Vollzeitkräften. Die Berechnung erfolgt meist auf Basis der Arbeitstage pro Woche.

**b. Felix**

Hallo Markus, Urlaub kann unter bestimmten Bedingungen ins nächste Jahr übertragen werden. In der Regel muss er jedoch bis zum 31. März genommen werden.

**c. Sophie**

Hallo Lisa, während der Elternzeit wird der Urlaubsanspruch zwar nicht weiter aufgebaut, aber bestehende Urlaubstage verfallen nicht und können nach der Elternzeit genommen werden.

**d. Jonas**

Hallo Tobias, Überstundenregelungen können je nach Arbeitsvertrag und Tarifvertrag variieren. Generell sollten Überstunden erfasst und entweder durch Freizeitausgleich oder zusätzliche Vergütung abgegolten werden.

**e. Laura**

Hallo, es ist wichtig, die genauen Bestimmungen im Arbeitsvertrag zu überprüfen, da diese oft spezifische Regelungen zu Überstunden und deren Vergütung enthalten.

**f. Felix**

Hallo, es ist möglich, dass nicht genommener Urlaub ins nächste Jahr übertragen wird, aber dies hängt oft von den Vereinbarungen im Arbeitsvertrag ab.

Lesen Sie das Protokoll und beantworten Sie die Aufgaben (14-18). Bei jeder Aufgabe ist genau eine Antwort zutreffend (a/b/c). Markieren Sie diese direkt auf Ihrem Antwortbogen.

**Protokoll der Teambesprechung**
**Datum:** 30. November 2023
**Zeit:** 14:00 - 16:00 Uhr
**Ort:** Konferenzraum J
**Anwesende:**
- Lena Hoffmann (LH)
- Michael Bauer (MB)
- Nora Schmidt (NS)
- Oliver Fischer (OF)
- Petra Weber (PW)
- Quentin Müller (QM)

**Tagesordnungspunkte:**
1. **Begrüßung und Einführung**

**LH** eröffnete die Sitzung und begrüßte die Anwesenden. Sie stellte die Tagesordnung vor und betonte die Bedeutung der heutigen Themen für die Unternehmensentwicklung.

2. **Analyse der Markttrends**

**MB** präsentierte eine Analyse der aktuellen Markttrends. Er hob hervor, dass der Trend zu nachhaltigen Produkten weiter zunimmt. **NS** ergänzte, dass die Konkurrenz ebenfalls verstärkt auf Nachhaltigkeit setzt.

3. **Produktentwicklung und Innovation**

**OF** berichtete über die Fortschritte in der Produktentwicklung. Ein neues Produkt soll im nächsten Quartal auf den Markt gebracht werden. **PW** fügte hinzu, dass die Innovationsabteilung eng mit den Marketingteams zusammenarbeitet.

4. **Vertriebsstrategien und Kundenbindung**

**QM** stellte neue Vertriebsstrategien vor, die die Kundenbindung stärken sollen. Er betonte die Wichtigkeit von personalisierten Angeboten. **LH** schlug vor, regelmäßig Schulungen für das Vertriebsteam anzubieten.

5. **Finanzielle Lage und Investitionen**

**NS** präsentierte die aktuelle finanzielle Lage des Unternehmens. Sie wies darauf hin, dass Investitionen in neue Technologien notwendig sind. **MB** stimmte zu und regte an, einen Teil des Budgets für die Digitalisierung zu reservieren.

6. **Abschluss und nächste Schritte**

**PW** fasste die wichtigsten Punkte der Besprechung zusammen und schlug vor, in der nächsten Sitzung konkrete Maßnahmen zu erarbeiten. **LH** schloss die Sitzung und dankte allen Teilnehmern.

**14. Wer eröffnete die Sitzung?**
a) Michael Bauer
b) Lena Hoffmann
c) Petra Weber

**15. Welcher Markttrend wurde als wachsend identifiziert?**
a) Digitalisierung
b) Nachhaltigkeit
c) Automatisierung

**16. Wann soll das neue Produkt auf den Markt gebracht werden?**
a) Im nächsten Quartal
b) Im nächsten Jahr
c) In zwei Jahren

**17. Was betonte Quentin Müller als wichtig für die Kundenbindung?**
a) Preisreduktionen
b) Personalisierte Angebote
c) Massenwerbung

**18. Wofür soll ein Teil des Budgets laut Michael Bauer reserviert werden?**
a) Neue Mitarbeiter
b) Digitalisierung
c) Werbung

# Training 11

**Lesen – Teil 1**

Sie haben eine Internetseite mit Artikeln zu Berufen und Wirtschaft entdeckt. Für Freunde wollen Sie passende Artikel heraussuchen und ihnen zusenden. Lesen Sie die Sätze und Artikel. Ordnen Sie den Personen 1-5 den jeweils passenden Artikel a-h zu. Markieren Sie die passende Lösung jeweils direkt auf dem Antwortbogen.

1. Berufliche Weiterbildung hilft, mit den neuesten Entwicklungen in der Branche Schritt zu halten.
2. Die Globalisierung schafft neue Märkte, stellt aber auch Herausforderungen für lokale Unternehmen dar.
3. Homeoffice bietet Flexibilität, erfordert aber auch Disziplin und Selbstorganisation.
4. Der Einsatz von Robotern in der Industrie erhöht die Effizienz, stellt aber auch Arbeitsplätze in Frage.
5. Praktika sind eine hervorragende Möglichkeit, Berufserfahrung zu sammeln und das eigene Netzwerk zu erweitern.

**a) Berufliche Weiterbildung**
Berufliche Weiterbildung ist unerlässlich, um mit den Veränderungen auf dem Arbeitsmarkt Schritt zu halten.

**b) Herausforderungen der Globalisierung**
Die Globalisierung beeinflusst die Arbeitswelt und erfordert Anpassungsfähigkeit und interkulturelle Kompetenz.

**c) Karriereplanung für Absolventen**
Eine gezielte Karriereplanung hilft Absolventen, ihre beruflichen Ziele zu erreichen.

**d) Homeoffice im Trend**
Immer mehr Unternehmen bieten die Möglichkeit, im Homeoffice zu arbeiten, was Flexibilität und eine bessere Work-Life-Balance ermöglicht.

**e) Bedeutung von Praktika**
Praktika bieten wertvolle Einblicke in die Berufswelt und helfen beim Aufbau von Netzwerken.

**f) Soziale Medien im Beruf**
Soziale Medien spielen eine wichtige Rolle im Berufsleben und bieten neue Möglichkeiten des Marketings und der Vernetzung.

**g) Nachhaltigkeit in Unternehmen**
Nachhaltigkeit wird für Unternehmen immer wichtiger und beeinflusst Geschäftsstrategien und -entscheidungen.

**h) Herausforderungen der Digitalisierung**
Die Digitalisierung verändert die Arbeitswelt und erfordert neue Fähigkeiten und Anpassungsbereitschaft.

**Lesen – Teil 2**

Lesen Sie die Aufgaben 6-9 und ordnen Sie ihnen die passende Antwort (a/b/c) oder richtig/falsch zu.

**Text 1: Willkommen im Team**

Herzlich willkommen in unserem Unternehmen! Wir freuen uns, Sie als neues Mitglied unseres Teams begrüßen zu dürfen. Ihr Einstieg ist ein wichtiger Schritt, und wir sind hier, um Sie zu unterstützen. In den ersten Wochen werden Sie verschiedene Abteilungen kennenlernen und an Einführungsschulungen teilnehmen. Diese Schulungen sind darauf ausgelegt, Ihnen einen umfassenden Überblick über unsere Arbeitsweise und unsere Unternehmenskultur zu geben. Wir ermutigen Sie, Fragen zu stellen und aktiv an den Schulungen teilzunehmen. Ihr persönlicher Mentor steht Ihnen jederzeit zur Seite, um bei Fragen oder Herausforderungen zu helfen. Unsere Unternehmenskultur basiert auf Offenheit und Zusammenarbeit, und wir sind überzeugt, dass Sie sich schnell bei uns einleben werden. Nochmals herzlich willkommen und viel Erfolg in Ihrer neuen Rolle!

**6** Die Schulungen geben Ihnen einen Überblick über die Unternehmenskultur.

**7** Unsere Unternehmenskultur basiert auf ...
    a)  ... Geheimhaltung.
    b)  ... Offenheit und Zusammenarbeit.
    c)  ... Konkurrenz.

Lesen Sie die Aufgaben 6-9 und ordnen Sie ihnen die passende Antwort (a/b/c) oder richtig/falsch zu.

**Text 2: Einführung und Schulung**

Willkommen zu Ihrem ersten Arbeitstag! Um Ihnen den Einstieg zu erleichtern, haben wir ein umfassendes Schulungsprogramm vorbereitet. Dieses Programm umfasst sowohl theoretische als auch praktische Einheiten, die Ihnen helfen sollen, sich schnell in Ihre neue Rolle einzufinden. Sie werden die Gelegenheit haben, sich mit den wichtigsten Tools und Verfahren vertraut zu machen, die in Ihrem Arbeitsbereich verwendet werden. Zudem ist ein Treffen mit Ihrem Teamleiter geplant, um Ihre individuellen Ziele und Erwartungen zu besprechen. Wir glauben, dass kontinuierliches Lernen der Schlüssel zum Erfolg ist und freuen uns darauf, Sie auf diesem Weg zu begleiten. Bitte zögern Sie nicht, sich bei Fragen oder Unsicherheiten an Ihren Vorgesetzten oder Ihre Kollegen zu wenden.

**8** Das Schulungsprogramm besteht ausschließlich aus theoretischen Einheiten.

**9** Sie werden die Gelegenheit haben, ...
   a. ... keine neuen Tools kennenzulernen.
   b. ... sich mit den wichtigsten Tools vertraut zu machen.
   c. ... ausschließlich theoretische Inhalte zu lernen.

## Lesen – Teil 3

Lesen Sie die Texte mit Fragen (10-13) und ordnen Sie die passende Antwort (a-f) zu. Markieren Sie die passenden Antworten auf dem Antwortbogen. Achtung: Eine Frage bekommt keine Antwort (X).

### Fragen

**10. Nina**

Ich arbeite in einem kleinen Unternehmen und frage mich, ob es spezielle Regelungen für den Urlaubsanspruch in kleinen Betrieben gibt. Gibt es Unterschiede im Vergleich zu größeren Unternehmen?

**11. Paul**

Ich habe meinen Arbeitsvertrag kürzlich überprüft und bin auf eine Klausel gestoßen, die besagt, dass Urlaub nur in bestimmten Monaten genommen werden kann. Ist das rechtlich zulässig?

**12. Laura**

Ich habe gehört, dass es möglich ist, Urlaubstage zu verkaufen, wenn man sie nicht nimmt. Wie funktioniert das und ist das in Deutschland überhaupt erlaubt?

**13. Daniel**

Ich bin mir unsicher, wie sich eine längere Krankheit auf meinen Urlaubsanspruch auswirkt. Verliere ich dadurch Urlaubstage oder werden sie ins nächste Jahr übertragen?

**Antworten**

**a. Jana**

Hallo Nina, der gesetzliche Urlaubsanspruch gilt unabhängig von der Unternehmensgröße. Kleine Betriebe müssen sich an dieselben gesetzlichen Vorgaben halten wie größere Unternehmen.

**b. Tim**

Hallo Paul, grundsätzlich kann der Arbeitgeber im Rahmen seiner betrieblichen Möglichkeiten den Urlaubszeitraum festlegen. Allerdings sollte dies im Einklang mit den Arbeitnehmerinteressen stehen.

**c. Katrin**

Hallo Laura, in Deutschland ist es grundsätzlich nicht erlaubt, Urlaubstage zu verkaufen. Urlaub dient der Erholung und sollte auch genommen werden.

**d. Michael**

Hallo Daniel, bei einer längeren Krankheit verfällt der Urlaubsanspruch nicht sofort. Er kann ins nächste Jahr übertragen werden, sollte aber bis zum 31. März genommen werden.

**e. Stefan**

Hallo, die Regelungen zum Urlaubsanspruch sind unabhängig von der Größe des Unternehmens.

**f. Lisa**

Hallo, es ist wichtig, die genauen Regelungen im Arbeitsvertrag zu überprüfen, da diese oft spezifische Bestimmungen enthalten.

Lesen Sie das Protokoll und beantworten Sie die Aufgaben (14-18). Bei jeder Aufgabe ist genau eine Antwort zutreffend (a/b/c). Markieren Sie diese direkt auf Ihrem Antwortbogen.

**Protokoll der Teambesprechung**
**Datum:** 5. Dezember 2023
**Zeit:** 09:00 - 11:00 Uhr
**Ort:** Konferenzraum K
**Anwesende:**
- Richard Müller (RM)
- Sabine Weber (SW)
- Thomas Fischer (TF)
- Ulrike Bauer (UB)
- Viktor Klein (VK)
- Wilhelm Schmidt (WS)

**Tagesordnungspunkte:**

**1. Begrüßung und Einführung**

**RM** eröffnete die Sitzung und begrüßte die Anwesenden. Er stellte die Tagesordnung vor und betonte die Bedeutung der heutigen Themen für die Unternehmensentwicklung.

**2. Rückblick auf das letzte Quartal**

**SW** präsentierte die Ergebnisse des letzten Quartals. Sie hob hervor, dass die Umsatzzahlen um 12% gestiegen sind. **TF** ergänzte, dass die Kundenzufriedenheit ebenfalls gestiegen sei.

**3. Aktuelle Projekte und Fortschritte**

**UB** berichtete über den aktuellen Stand der Projekte. Das Projekt "SmartTech" sei im Zeitplan. **VK** fügte hinzu, dass die Zusammenarbeit mit den externen Partnern positiv verlaufe.

**4. Strategische Planung für das kommende Jahr**

**WS** stellte die strategische Planung für das kommende Jahr vor. Er betonte die Notwendigkeit, sich auf nachhaltige Geschäftspraktiken zu konzentrieren. **RM** schlug vor, ein Team für die Entwicklung digitaler Lösungen zu bilden.

**5. Budgetplanung und Ressourcenallokation**

**SW** präsentierte den Entwurf für die Budgetplanung. Sie wies darauf hin, dass mehr Mittel für Forschung und Entwicklung bereitgestellt werden sollten. **TF** stimmte zu und betonte, dass Investitionen in neue Technologien wichtig sind.

**6. Sonstiges und Abschluss**

**UB** brachte das Thema Mitarbeiterzufriedenheit zur Sprache und schlug vor, regelmäßige Feedbackrunden einzuführen. **WS** unterstützte den Vorschlag. **RM** schloss die Sitzung und dankte allen Teilnehmern.

## 14. Wer eröffnete die Sitzung?
a) Sabine Weber
b) Richard Müller
c) Wilhelm Schmidt

## 15. Welche Steigerung der Umsatzzahlen wurde im letzten Quartal erreicht?
a) 10%
b) 12%
c) 15%

## 16. Welches Projekt erwähnte Ulrike Bauer als im Zeitplan?
a) GreenTech
b) SmartTech
c) BlueTech

## 17. Worauf soll laut Wilhelm Schmidt im kommenden Jahr der Fokus liegen?
a) Kostenreduktion
b) Nachhaltige Geschäftspraktiken
c) Produktdiversifikation

## 18. Was schlug Ulrike Bauer zur Verbesserung der Mitarbeiterzufriedenheit vor?
a) Gehaltserhöhungen
b) Regelmäßige Feedbackrunden
c) Mehr Urlaubstage

# Training 12

**Lesen – Teil 1**

Sie haben eine Internetseite mit Artikeln zu Berufen und Wirtschaft entdeckt. Für Freunde wollen Sie passende Artikel heraussuchen und ihnen zusenden. Lesen Sie die Sätze und Artikel. Ordnen Sie den Personen 1-5 den jeweils passenden Artikel a-h zu. Markieren Sie die passende Lösung jeweils direkt auf dem Antwortbogen.

1. Praktika bieten Studierenden die Möglichkeit, wertvolle Berufserfahrung zu sammeln.
2. Die digitale Transformation verändert die Art und Weise, wie Unternehmen arbeiten und kommunizieren.
3. Selbstständigkeit erfordert Mut und Entschlossenheit, bietet aber auch die Freiheit, eigene Entscheidungen zu treffen.
4. Der Schutz der Meere ist entscheidend für die Erhaltung der Artenvielfalt und den Klimaschutz.
5. Eine gute Work-Life-Balance trägt zur Zufriedenheit und Produktivität der Mitarbeiter bei.

**a) Praktika für Studierende**
Praktika bieten Studierenden die Möglichkeit, praktische Erfahrungen zu sammeln und ihr theoretisches Wissen anzuwenden.

**b) Arbeitsmarkttrends 2023**
Der Arbeitsmarkt verändert sich ständig, und es ist wichtig, die aktuellen Trends zu kennen, um wettbewerbsfähig zu bleiben.

**c) Digitale Transformation**
Die digitale Transformation verändert Geschäftsprozesse und erfordert neue Kompetenzen.

**d) Selbstständigkeit als Karriereweg**
Selbstständigkeit bietet die Möglichkeit, eigene Ideen umzusetzen und unabhängig zu arbeiten.

**e) Berufliche Netzwerke**
Ein starkes berufliches Netzwerk kann den Karriereweg positiv beeinflussen und neue Chancen eröffnen.

**f) Weiterbildung im Beruf**
Berufliche Weiterbildung ist entscheidend, um mit den technologischen Entwicklungen Schritt zu halten.

**g) Work-Life-Balance**
Eine gute Work-Life-Balance ist wichtig für die Gesundheit und das Wohlbefinden der Mitarbeiter.

**h) Herausforderungen der Automatisierung**
Automatisierung verändert die Arbeitswelt und erfordert neue Fähigkeiten und Anpassungsbereitschaft.

## Lesen – Teil 2

Lesen Sie die Aufgaben 6-9 und ordnen Sie ihnen die passende Antwort (a/b/c) oder richtig/falsch zu.

### Text 1: Willkommen im Team

Herzlich willkommen in unserem Unternehmen! Wir freuen uns, Sie als neues Mitglied unseres Teams begrüßen zu dürfen. Ihr Einstieg ist ein wichtiger Schritt, und wir sind hier, um Sie zu unterstützen. In den ersten Wochen werden Sie verschiedene Abteilungen kennenlernen und an Einführungsschulungen teilnehmen. Diese Schulungen sind darauf ausgelegt, Ihnen einen umfassenden Überblick über unsere Arbeitsweise und unsere Unternehmenskultur zu geben. Wir ermutigen Sie, Fragen zu stellen und aktiv an den Schulungen teilzunehmen. Ihr persönlicher Mentor steht Ihnen jederzeit zur Seite, um bei Fragen oder Herausforderungen zu helfen. Unsere Unternehmenskultur basiert auf Offenheit und Zusammenarbeit, und wir sind überzeugt, dass Sie sich schnell bei uns einleben werden. Nochmals herzlich willkommen und viel Erfolg in Ihrer neuen Rolle!

**6** Ihr Mentor wird Ihnen bei Fragen und Herausforderungen helfen.

**7** Unser Unternehmen legt großen Wert auf ...
   a) ... Offenheit und Zusammenarbeit.
   b) ... strikte Hierarchien und Einzelarbeit.
   c) ... die Geheimhaltung von Informationen.

Lesen Sie die Aufgaben 6-9 und ordnen Sie ihnen die passende Antwort (a/b/c) oder richtig/falsch zu.

**Text 2: Einführung und Schulung**

Willkommen zu Ihrem ersten Arbeitstag! Um Ihnen den Einstieg zu erleichtern, haben wir ein umfassendes Schulungsprogramm vorbereitet. Dieses Programm umfasst sowohl theoretische als auch praktische Einheiten, die Ihnen helfen sollen, sich schnell in Ihre neue Rolle einzufinden. Sie werden die Gelegenheit haben, sich mit den wichtigsten Tools und Verfahren vertraut zu machen, die in Ihrem Arbeitsbereich verwendet werden. Zudem ist ein Treffen mit Ihrem Teamleiter geplant, um Ihre individuellen Ziele und Erwartungen zu besprechen. Wir glauben, dass kontinuierliches Lernen der Schlüssel zum Erfolg ist und freuen uns darauf, Sie auf diesem Weg zu begleiten. Bitte zögern Sie nicht, sich bei Fragen oder Unsicherheiten an Ihren Vorgesetzten oder Ihre Kollegen zu wenden.

**8**  Der Teamleiter wird Ihre individuellen Ziele mit Ihnen besprechen.

**9**  Das Schulungsprogramm umfasst ...
    a. ... nur theoretische Einheiten.
    b. ... sowohl theoretische als auch praktische Einheiten.
    c. ... keine praktischen Übungen.

## Lesen – Teil 3

Lesen Sie die Texte mit Fragen (10-13) und ordnen Sie die passende Antwort (a-f) zu. Markieren Sie die passenden Antworten auf dem Antwortbogen. Achtung: Eine Frage bekommt keine Antwort (X).

## Fragen

### 10. Sven

Ich habe eine Frage zur Urlaubsplanung. Kann mein Arbeitgeber meinen Urlaub streichen, wenn es betriebliche Gründe gibt? Was passiert, wenn ich bereits gebucht habe?

### 11. Julia

Ich arbeite in einem internationalen Unternehmen und frage mich, ob es Unterschiede im Urlaubsanspruch für Mitarbeiter in Deutschland und anderen Ländern gibt.

### 12. Tom

Ich bin in der Probezeit und unsicher, ob ich bereits Urlaub nehmen darf. Gibt es spezifische Regelungen für den Urlaubsanspruch während der Probezeit?

### 13. Sarah

Ich habe gehört, dass Eltern von schulpflichtigen Kindern ein Vorrecht auf Urlaub in den Schulferien haben. Stimmt das und wie wird das geregelt?

**Antworten**

**a. Lena**

Hallo Sven, grundsätzlich kann der Arbeitgeber aus dringenden betrieblichen Gründen den Urlaub streichen. Bei bereits gebuchten Reisen sollte man versuchen, eine Einigung zu finden.

**b. Marco**

Hallo Julia, der Urlaubsanspruch kann je nach Land variieren. In Deutschland gibt es gesetzliche Mindestanforderungen, die je nach Tarifvertrag oder Betriebsvereinbarung erweitert werden können.

**c. Nina**

Hallo Tom, während der Probezeit besteht grundsätzlich ein Urlaubsanspruch. Allerdings kann der Arbeitgeber den Urlaub in dieser Zeit unter Umständen verweigern.

**d. Oliver**

Hallo Sarah, es gibt keine gesetzliche Regelung, die Eltern von schulpflichtigen Kindern ein Vorrecht auf Urlaub in den Schulferien einräumt.

**e. Lisa**

Hallo, es ist wichtig, die genauen Regelungen im Arbeitsvertrag zu überprüfen, da diese oft spezifische Bestimmungen enthalten.

**f. Tobias**

Hallo, der Urlaubsanspruch kann je nach Land und Unternehmenspolitik unterschiedlich sein.

**Lesen – Teil 4**

Lesen Sie das Protokoll und beantworten Sie die Aufgaben (14-18). Bei jeder Aufgabe ist genau eine Antwort zutreffend (a/b/c). Markieren Sie diese direkt auf Ihrem Antwortbogen.

**Protokoll der Teambesprechung**
**Datum:** 10. Dezember 2023
**Zeit:** 13:00 - 15:00 Uhr
**Ort:** Konferenzraum L
**Anwesende:**
- Alexander König (AK)
- Beate Fischer (BF)
- Christoph Weber (CW)
- Daniela Schmidt (DS)
- Erika Bauer (EB)
- Florian Klein (FK)

**Tagesordnungspunkte:**

1. **Begrüßung und Einführung**

**AK** eröffnete die Sitzung und begrüßte die Anwesenden. Er stellte die Tagesordnung vor und betonte die Bedeutung der heutigen Themen für die Unternehmensentwicklung.

2. **Analyse der Markttrends**

**BF** präsentierte eine Analyse der aktuellen Markttrends. Sie hob hervor, dass der Trend zu nachhaltigen Produkten weiter zunimmt. **CW** ergänzte, dass die Konkurrenz ebenfalls verstärkt auf Nachhaltigkeit setzt.

3. **Produktentwicklung und Innovation**

**DS** berichtete über die Fortschritte in der Produktentwicklung. Ein neues Produkt soll im nächsten Quartal auf den Markt gebracht werden. **EB** fügte hinzu, dass die Innovationsabteilung eng mit den Marketingteams zusammenarbeitet.

4. **Vertriebsstrategien und Kundenbindung**

**FK** stellte neue Vertriebsstrategien vor, die die Kundenbindung stärken sollen. Er betonte die Wichtigkeit von personalisierten Angeboten. **AK** schlug vor, regelmäßig Schulungen für das Vertriebsteam anzubieten.

5. **Finanzielle Lage und Investitionen**

**CW** präsentierte die aktuelle finanzielle Lage des Unternehmens. Er wies darauf hin, dass Investitionen in neue Technologien notwendig sind. **BF** stimmte zu und regte an, einen Teil des Budgets für die Digitalisierung zu reservieren.

6. **Abschluss und nächste Schritte**

**EB** fasste die wichtigsten Punkte der Besprechung zusammen und schlug vor, in der nächsten Sitzung konkrete Maßnahmen zu erarbeiten. **AK** schloss die Sitzung und dankte allen Teilnehmern.

**14. Wer eröffnete die Sitzung?**
a) Beate Fischer
b) Alexander König
c) Florian Klein

**15. Welcher Markttrend wurde als wachsend identifiziert?**
a) Digitalisierung
b) Nachhaltigkeit
c) Automatisierung

**16. Wann soll das neue Produkt auf den Markt gebracht werden?**
a) Im nächsten Quartal
b) Im nächsten Jahr
c) In zwei Jahren

**17. Was betonte Florian Klein als wichtig für die Kundenbindung?**
a) Preisreduktionen
b) Personalisierte Angebote
c) Massenwerbung

**18. Wofür soll ein Teil des Budgets laut Christoph Weber reserviert werden?**
a) Neue Mitarbeiter
b) Digitalisierung
c) Werbung

# Training 13

Sie haben eine Internetseite mit Artikeln zu Berufen und Wirtschaft entdeckt. Für Freunde wollen Sie passende Artikel heraussuchen und ihnen zusenden. Lesen Sie die Sätze und Artikel. Ordnen Sie den Personen 1-5 den jeweils passenden Artikel a-h zu. Markieren Sie die passende Lösung jeweils direkt auf dem Antwortbogen.

1. Berufliche Weiterbildung hilft, mit den neuesten Entwicklungen in der Branche Schritt zu halten.
2. Die Globalisierung schafft neue Märkte, stellt aber auch Herausforderungen für lokale Unternehmen dar.
3. Homeoffice bietet Flexibilität, erfordert aber auch Disziplin und Selbstorganisation.
4. Der Einsatz von Robotern in der Industrie erhöht die Effizienz, stellt aber auch Arbeitsplätze in Frage.
5. Praktika sind eine hervorragende Möglichkeit, Berufserfahrung zu sammeln und das eigene Netzwerk zu erweitern.

**a) Berufliche Weiterbildung**
Berufliche Weiterbildung ist unerlässlich, um mit den Veränderungen auf dem Arbeitsmarkt Schritt zu halten.

**b) Herausforderungen der Globalisierung**
Die Globalisierung beeinflusst die Arbeitswelt und erfordert Anpassungsfähigkeit und interkulturelle Kompetenz.

**c) Karriereplanung für Absolventen**
Eine gezielte Karriereplanung hilft Absolventen, ihre beruflichen Ziele zu erreichen.

**d) Homeoffice im Trend**
Immer mehr Unternehmen bieten die Möglichkeit, im Homeoffice zu arbeiten, was Flexibilität und eine bessere Work-Life-Balance ermöglicht.

**e) Bedeutung von Praktika**
Praktika bieten wertvolle Einblicke in die Berufswelt und helfen beim Aufbau von Netzwerken.

**f) Soziale Medien im Beruf**
Soziale Medien spielen eine wichtige Rolle im Berufsleben und bieten neue Möglichkeiten des Marketings und der Vernetzung.

**g) Nachhaltigkeit in Unternehmen**
Nachhaltigkeit wird für Unternehmen immer wichtiger und beeinflusst Geschäftsstrategien und -entscheidungen.

**h) Herausforderungen der Digitalisierung**
Die Digitalisierung verändert die Arbeitswelt und erfordert neue Fähigkeiten und Anpassungsbereitschaft.

## Lesen – Teil 2

Lesen Sie die Aufgaben 6-9 und ordnen Sie ihnen die passende Antwort (a/b/c) oder richtig/falsch zu.

### Text 1: Willkommen im Team

Herzlich willkommen in unserem Unternehmen! Wir freuen uns, Sie als neues Mitglied unseres Teams begrüßen zu dürfen. Ihr Einstieg ist ein wichtiger Schritt, und wir sind hier, um Sie zu unterstützen. In den ersten Wochen werden Sie verschiedene Abteilungen kennenlernen und an Einführungsschulungen teilnehmen. Diese Schulungen sind darauf ausgelegt, Ihnen einen umfassenden Überblick über unsere Arbeitsweise und unsere Unternehmenskultur zu geben. Wir ermutigen Sie, Fragen zu stellen und aktiv an den Schulungen teilzunehmen. Ihr persönlicher Mentor steht Ihnen jederzeit zur Seite, um bei Fragen oder Herausforderungen zu helfen. Unsere Unternehmenskultur basiert auf Offenheit und Zusammenarbeit, und wir sind überzeugt, dass Sie sich schnell bei uns einleben werden. Nochmals herzlich willkommen und viel Erfolg in Ihrer neuen Rolle!

**6** Sie werden in den ersten Wochen keine Abteilungen kennenlernen.

**7** Ihr persönlicher Mentor steht Ihnen ...
    a) ... nur gelegentlich zur Seite.
    b) ... jederzeit zur Seite.
    c) ... nicht zur Verfügung.

Lesen Sie die Aufgaben 6-9 und ordnen Sie ihnen die passende Antwort (a/b/c) oder richtig/falsch zu.

**Text 2: Einführung und Schulung**

Willkommen zu Ihrem ersten Arbeitstag! Um Ihnen den Einstieg zu erleichtern, haben wir ein umfassendes Schulungsprogramm vorbereitet. Dieses Programm umfasst sowohl theoretische als auch praktische Einheiten, die Ihnen helfen sollen, sich schnell in Ihre neue Rolle einzufinden. Sie werden die Gelegenheit haben, sich mit den wichtigsten Tools und Verfahren vertraut zu machen, die in Ihrem Arbeitsbereich verwendet werden. Zudem ist ein Treffen mit Ihrem Teamleiter geplant, um Ihre individuellen Ziele und Erwartungen zu besprechen. Wir glauben, dass kontinuierliches Lernen der Schlüssel zum Erfolg ist und freuen uns darauf, Sie auf diesem Weg zu begleiten. Bitte zögern Sie nicht, sich bei Fragen oder Unsicherheiten an Ihren Vorgesetzten oder Ihre Kollegen zu wenden.

**8** Das Schulungsprogramm besteht nur aus praktischen Einheiten.

**9** Sie werden die Gelegenheit haben, ...
    a. ... sich mit den wichtigsten Tools vertraut zu machen.
    b. ... keine neuen Tools kennenzulernen.
    c. ... ausschließlich theoretische Inhalte zu lernen.

## Lesen – Teil 3

Lesen Sie die Texte mit Fragen (10-13) und ordnen Sie die passende Antwort (a-f) zu. Markieren Sie die passenden Antworten auf dem Antwortbogen. Achtung: Eine Frage bekommt keine Antwort (X).

### Fragen

**10. Kerstin**

Ich habe eine Frage zur Urlaubsregelung bei Teilzeitarbeit. Steht mir der gleiche Urlaubsanspruch wie Vollzeitkräften zu, oder gibt es Unterschiede?

**11. Markus**

Ich habe gehört, dass man seinen Urlaub nicht ins nächste Jahr übertragen kann. Stimmt das, oder gibt es Ausnahmen?

**12. Lisa**

Ich bin mir unsicher, wie sich eine Elternzeit auf meinen Urlaubsanspruch auswirkt. Verliere ich dadurch Urlaubstage oder werden sie ins nächste Jahr übertragen?

**13. Tobias**

Ich habe meinen Arbeitsvertrag durchgesehen und bin mir nicht sicher, ob ich alle Bestimmungen zu Überstunden und deren Vergütung richtig verstanden habe. Gibt es allgemeine Richtlinien, die ich beachten sollte, um sicherzustellen, dass ich korrekt bezahlt werde?

**Antworten**

**a. Anna**

Hallo Kerstin, Teilzeitkräfte haben einen anteiligen Urlaubsanspruch im Vergleich zu Vollzeitkräften. Die Berechnung erfolgt meist auf Basis der Arbeitstage pro Woche.

**b. Felix**

Hallo Markus, Urlaub kann unter bestimmten Bedingungen ins nächste Jahr übertragen werden. In der Regel muss er jedoch bis zum 31. März genommen werden.

**c. Sophie**

Hallo Lisa, während der Elternzeit wird der Urlaubsanspruch zwar nicht weiter aufgebaut, aber bestehende Urlaubstage verfallen nicht und können nach der Elternzeit genommen werden.

**d. Jonas**

Hallo Tobias, Überstundenregelungen können je nach Arbeitsvertrag und Tarifvertrag variieren. Generell sollten Überstunden erfasst und entweder durch Freizeitausgleich oder zusätzliche Vergütung abgegolten werden.

**e. Laura**

Hallo, es ist wichtig, die genauen Bestimmungen im Arbeitsvertrag zu überprüfen, da diese oft spezifische Regelungen zu Überstunden und deren Vergütung enthalten.

**f. Felix**

Hallo, es ist möglich, dass nicht genommener Urlaub ins nächste Jahr übertragen wird, aber dies hängt oft von den Vereinbarungen im Arbeitsvertrag ab.

**Lesen – Teil 4**

Lesen Sie das Protokoll und beantworten Sie die Aufgaben (14-18). Bei jeder Aufgabe ist genau eine Antwort zutreffend (a/b/c). Markieren Sie diese direkt auf Ihrem Antwortbogen.

**Protokoll der Teambesprechung**
**Datum:** 15. Dezember 2023
**Zeit:** 10:00 - 12:00 Uhr
**Ort:** Konferenzraum M
**Anwesende:**
- Georg Mayer (GM)
- Hanna Bauer (HB)
- Ingo Schulze (IS)
- Jana Wolf (JW)
- Klaus Zimmermann (KZ)
- Laura Koch (LK)

**Tagesordnungspunkte:**

1. **Begrüßung und Einführung**

**GM** eröffnete die Sitzung und begrüßte die Anwesenden. Er stellte die Tagesordnung vor und betonte die Bedeutung der heutigen Themen für die Unternehmensentwicklung.

2. **Analyse der Markttrends**

**HB** präsentierte eine Analyse der aktuellen Markttrends. Sie hob hervor, dass der Trend zu nachhaltigen Produkten weiter zunimmt. **IS** ergänzte, dass die Konkurrenz ebenfalls verstärkt auf Nachhaltigkeit setzt.

3. **Produktentwicklung und Innovation**

**JW** berichtete über die Fortschritte in der Produktentwicklung. Ein neues Produkt soll im nächsten Quartal auf den Markt gebracht werden. **KZ** fügte hinzu, dass die Innovationsabteilung eng mit den Marketingteams zusammenarbeitet.

4. **Vertriebsstrategien und Kundenbindung**

**LK** stellte neue Vertriebsstrategien vor, die die Kundenbindung stärken sollen. Sie betonte die Wichtigkeit von personalisierten Angeboten. **GM** schlug vor, regelmäßig Schulungen für das Vertriebsteam anzubieten.

5. **Finanzielle Lage und Investitionen**

**IS** präsentierte die aktuelle finanzielle Lage des Unternehmens. Er wies darauf hin, dass Investitionen in neue Technologien notwendig sind. **HB** stimmte zu und regte an, einen Teil des Budgets für die Digitalisierung zu reservieren.

6. **Abschluss und nächste Schritte**

**JW** fasste die wichtigsten Punkte der Besprechung zusammen und schlug vor, in der nächsten Sitzung konkrete Maßnahmen zu erarbeiten. **GM** schloss die Sitzung und dankte allen Teilnehmern.

## 14. Wer eröffnete die Sitzung?

a) Hanna Bauer

b) Georg Mayer

c) Laura Koch

## 15. Welcher Markttrend wurde als wachsend identifiziert?

a) Digitalisierung

b) Nachhaltigkeit

c) Automatisierung

## 16. Wann soll das neue Produkt auf den Markt gebracht werden?

a) Im nächsten Quartal

b) Im nächsten Jahr

c) In zwei Jahren

## 17. Was betonte Laura Koch als wichtig für die Kundenbindung?

a) Preisreduktionen

b) Personalisierte Angebote

c) Massenwerbung

## 18. Wofür soll ein Teil des Budgets laut Ingo Schulze reserviert werden?

a) Neue Mitarbeiter

b) Digitalisierung

c) Werbung

# Training 14

## Lesen – Teil 1

Sie haben eine Internetseite mit Artikeln zu Berufen und Wirtschaft entdeckt. Für Freunde wollen Sie passende Artikel heraussuchen und ihnen zusenden. Lesen Sie die Sätze und Artikel. Ordnen Sie den Personen 1-5 den jeweils passenden Artikel a-h zu. Markieren Sie die passende Lösung jeweils direkt auf dem Antwortbogen.

1. Praktika bieten Studierenden die Möglichkeit, wertvolle Berufserfahrung zu sammeln.
2. Die digitale Transformation verändert die Art und Weise, wie Unternehmen arbeiten und kommunizieren.
3. Selbstständigkeit erfordert Mut und Entschlossenheit, bietet aber auch die Freiheit, eigene Entscheidungen zu treffen.
4. Der Schutz der Meere ist entscheidend für die Erhaltung der Artenvielfalt und den Klimaschutz.
5. Eine gute Work-Life-Balance trägt zur Zufriedenheit und Produktivität der Mitarbeiter bei.

**a) Praktika für Studierende**
Praktika bieten Studierenden die Möglichkeit, praktische Erfahrungen zu sammeln und ihr theoretisches Wissen anzuwenden.

**b) Arbeitsmarkttrends 2023**
Der Arbeitsmarkt verändert sich ständig, und es ist wichtig, die aktuellen Trends zu kennen, um wettbewerbsfähig zu bleiben.

**c) Digitale Transformation**
Die digitale Transformation verändert Geschäftsprozesse und erfordert neue Kompetenzen.

**d) Selbstständigkeit als Karriereweg**
Selbstständigkeit bietet die Möglichkeit, eigene Ideen umzusetzen und unabhängig zu arbeiten.

**e) Berufliche Netzwerke**
Ein starkes berufliches Netzwerk kann den Karriereweg positiv beeinflussen und neue Chancen eröffnen.

**f) Weiterbildung im Beruf**
Berufliche Weiterbildung ist entscheidend, um mit den technologischen Entwicklungen Schritt zu halten.

**g) Work-Life-Balance**
Eine gute Work-Life-Balance ist wichtig für die Gesundheit und das Wohlbefinden der Mitarbeiter.

**h) Herausforderungen der Automatisierung**
Automatisierung verändert die Arbeitswelt und erfordert neue Fähigkeiten und Anpassungsbereitschaft.

## Lesen – Teil 2

Lesen Sie die Aufgaben 6-9 und ordnen Sie ihnen die passende Antwort (a/b/c) oder richtig/falsch zu.

### Text 1: Willkommen im Team

Herzlich willkommen in unserem Unternehmen! Wir freuen uns, Sie als neues Mitglied unseres Teams begrüßen zu dürfen. Ihr Einstieg ist ein wichtiger Schritt, und wir sind hier, um Sie zu unterstützen. In den ersten Wochen werden Sie verschiedene Abteilungen kennenlernen und an Einführungsschulungen teilnehmen. Diese Schulungen sind darauf ausgelegt, Ihnen einen umfassenden Überblick über unsere Arbeitsweise und unsere Unternehmenskultur zu geben. Wir ermutigen Sie, Fragen zu stellen und aktiv an den Schulungen teilzunehmen. Ihr persönlicher Mentor steht Ihnen jederzeit zur Seite, um bei Fragen oder Herausforderungen zu helfen. Unsere Unternehmenskultur basiert auf Offenheit und Zusammenarbeit, und wir sind überzeugt, dass Sie sich schnell bei uns einleben werden. Nochmals herzlich willkommen und viel Erfolg in Ihrer neuen Rolle!

6    Die Unternehmenskultur basiert auf Konkurrenz und Wettbewerb.

7    In den ersten Wochen werden Sie ...
      a)   ... verschiedene Abteilungen kennenlernen.
      b)   ... nur in Ihrem Büro arbeiten.
      c)   ... keine Schulungen besuchen.

Lesen Sie die Aufgaben 6-9 und ordnen Sie ihnen die passende Antwort (a/b/c) oder richtig/falsch zu.

**Text 2: Einführung und Schulung**

Willkommen zu Ihrem ersten Arbeitstag! Um Ihnen den Einstieg zu erleichtern, haben wir ein umfassendes Schulungsprogramm vorbereitet. Dieses Programm umfasst sowohl theoretische als auch praktische Einheiten, die Ihnen helfen sollen, sich schnell in Ihre neue Rolle einzufinden. Sie werden die Gelegenheit haben, sich mit den wichtigsten Tools und Verfahren vertraut zu machen, die in Ihrem Arbeitsbereich verwendet werden. Zudem ist ein Treffen mit Ihrem Teamleiter geplant, um Ihre individuellen Ziele und Erwartungen zu besprechen. Wir glauben, dass kontinuierliches Lernen der Schlüssel zum Erfolg ist und freuen uns darauf, Sie auf diesem Weg zu begleiten. Bitte zögern Sie nicht, sich bei Fragen oder Unsicherheiten an Ihren Vorgesetzten oder Ihre Kollegen zu wenden.

**8** Sie werden keine Gelegenheit haben, sich mit den Tools vertraut zu machen.
**9** Kontinuierliches Lernen ist ...
  a)  ... unwichtig für den Erfolg.
  b)  ... der Schlüssel zum Erfolg.
  c)  ... nur für neue Mitarbeiter relevant.

## Lesen – Teil 3

Lesen Sie die Texte mit Fragen (10-13) und ordnen Sie die passende Antwort (a-f) zu. Markieren Sie die passenden Antworten auf dem Antwortbogen. Achtung: Eine Frage bekommt keine Antwort (X).

### Fragen

**10. Nina**

Ich arbeite in einem kleinen Unternehmen und frage mich, ob es spezielle Regelungen für den Urlaubsanspruch in kleinen Betrieben gibt. Gibt es Unterschiede im Vergleich zu größeren Unternehmen?

**11. Paul**

Ich habe meinen Arbeitsvertrag kürzlich überprüft und bin auf eine Klausel gestoßen, die besagt, dass Urlaub nur in bestimmten Monaten genommen werden kann. Ist das rechtlich zulässig?

**12. Laura**

Ich habe gehört, dass es möglich ist, Urlaubstage zu verkaufen, wenn man sie nicht nimmt. Wie funktioniert das und ist das in Deutschland überhaupt erlaubt?

**13. Daniel**

Ich bin mir unsicher, wie sich eine längere Krankheit auf meinen Urlaubsanspruch auswirkt. Verliere ich dadurch Urlaubstage oder werden sie ins nächste Jahr übertragen?

**Antworten**

**a. Jana**

Hallo Nina, der gesetzliche Urlaubsanspruch gilt unabhängig von der Unternehmensgröße. Kleine Betriebe müssen sich an dieselben gesetzlichen Vorgaben halten wie größere Unternehmen.

**b. Tim**

Hallo Paul, grundsätzlich kann der Arbeitgeber im Rahmen seiner betrieblichen Möglichkeiten den Urlaubszeitraum festlegen. Allerdings sollte dies im Einklang mit den Arbeitnehmerinteressen stehen.

**c. Katrin**

Hallo Laura, in Deutschland ist es grundsätzlich nicht erlaubt, Urlaubstage zu verkaufen. Urlaub dient der Erholung und sollte auch genommen werden.

**d. Michael**

Hallo Daniel, bei einer längeren Krankheit verfällt der Urlaubsanspruch nicht sofort. Er kann ins nächste Jahr übertragen werden, sollte aber bis zum 31. März genommen werden.

**e. Stefan**

Hallo, die Regelungen zum Urlaubsanspruch sind unabhängig von der Größe des Unternehmens.

**f. Lisa**

Hallo, es ist wichtig, die genauen Regelungen im Arbeitsvertrag zu überprüfen, da diese oft spezifische Bestimmungen enthalten.

**Lesen – Teil 4**

Lesen Sie das Protokoll und beantworten Sie die Aufgaben (14-18). Bei jeder Aufgabe ist genau eine Antwort zutreffend (a/b/c). Markieren Sie diese direkt auf Ihrem Antwortbogen.

**Protokoll der Teambesprechung**
**Datum:** 20. Dezember 2023
**Zeit:** 14:00 - 16:00 Uhr
**Ort:** Konferenzraum N
**Anwesende:**
- Markus Becker (MB)
- Nadine Fischer (NF)
- Oliver Schmidt (OS)
- Petra Wagner (PW)
- Quentin Müller (QM)
- Ralf Neumann (RN)

**Tagesordnungspunkte:**

1. **Begrüßung und Einführung**

**MB** eröffnete die Sitzung und begrüßte die Anwesenden. Er stellte die Tagesordnung vor und betonte die Bedeutung der heutigen Themen für die Unternehmensentwicklung.

2. **Analyse der Markttrends**

**NF** präsentierte eine Analyse der aktuellen Markttrends. Sie hob hervor, dass der Trend zu nachhaltigen Produkten weiter zunimmt. **OS** ergänzte, dass die Konkurrenz ebenfalls verstärkt auf Nachhaltigkeit setzt.

3. **Produktentwicklung und Innovation**

**PW** berichtete über die Fortschritte in der Produktentwicklung. Ein neues Produkt soll im nächsten Quartal auf den Markt gebracht werden. **QM** fügte hinzu, dass die Innovationsabteilung eng mit den Marketingteams zusammenarbeitet.

4. **Vertriebsstrategien und Kundenbindung**

**RN** stellte neue Vertriebsstrategien vor, die die Kundenbindung stärken sollen. Er betonte die Wichtigkeit von personalisierten Angeboten. **MB** schlug vor, regelmäßig Schulungen für das Vertriebsteam anzubieten.

5. **Finanzielle Lage und Investitionen**

**OS** präsentierte die aktuelle finanzielle Lage des Unternehmens. Er wies darauf hin, dass Investitionen in neue Technologien notwendig sind. **NF** stimmte zu und regte an, einen Teil des Budgets für die Digitalisierung zu reservieren.

6. **Abschluss und nächste Schritte**

**PW** fasste die wichtigsten Punkte der Besprechung zusammen und schlug vor, in der nächsten Sitzung konkrete Maßnahmen zu erarbeiten. **MB** schloss die Sitzung und dankte allen Teilnehmern.

### 14. Wer eröffnete die Sitzung?
a) Nadine Fischer
b) Markus Becker
c) Oliver Schmidt

### 15. Welcher Markttrend wurde als wachsend identifiziert?
a) Digitalisierung
b) Nachhaltigkeit
c) Automatisierung

### 16. Wann soll das neue Produkt auf den Markt gebracht werden?
a) Im nächsten Quartal
b) Im nächsten Jahr
c) In zwei Jahren

### 17. Was betonte Ralf Neumann als wichtig für die Kundenbindung?
a) Preisreduktionen
b) Personalisierte Angebote
c) Massenwerbung

### 18. Wofür soll ein Teil des Budgets laut Oliver Schmidt reserviert werden?
a) Neue Mitarbeiter
b) Digitalisierung
c) Werbung

# Training 15

## Lesen – Teil 1

Sie haben eine Internetseite mit Artikeln zu Berufen und Wirtschaft entdeckt. Für Freunde wollen Sie passende Artikel heraussuchen und ihnen zusenden. Lesen Sie die Sätze und Artikel. Ordnen Sie den Personen 1-5 den jeweils passenden Artikel a-h zu. Markieren Sie die passende Lösung jeweils direkt auf dem Antwortbogen.

1. Berufliche Weiterbildung hilft, mit den neuesten Entwicklungen in der Branche Schritt zu halten.
2. Die Globalisierung schafft neue Märkte, stellt aber auch Herausforderungen für lokale Unternehmen dar.
3. Homeoffice bietet Flexibilität, erfordert aber auch Disziplin und Selbstorganisation.
4. Der Einsatz von Robotern in der Industrie erhöht die Effizienz, stellt aber auch Arbeitsplätze in Frage.
5. Praktika sind eine hervorragende Möglichkeit, Berufserfahrung zu sammeln und das eigene Netzwerk zu erweitern.

**a) Berufliche Weiterbildung**
Berufliche Weiterbildung ist unerlässlich, um mit den Veränderungen auf dem Arbeitsmarkt Schritt zu halten.

**b) Herausforderungen der Globalisierung**
Die Globalisierung beeinflusst die Arbeitswelt und erfordert Anpassungsfähigkeit und interkulturelle Kompetenz.

**c) Karriereplanung für Absolventen**
Eine gezielte Karriereplanung hilft Absolventen, ihre beruflichen Ziele zu erreichen.

**d) Homeoffice im Trend**
Immer mehr Unternehmen bieten die Möglichkeit, im Homeoffice zu arbeiten, was Flexibilität und eine bessere Work-Life-Balance ermöglicht.

**e) Bedeutung von Praktika**
Praktika bieten wertvolle Einblicke in die Berufswelt und helfen beim Aufbau von Netzwerken.

**f) Soziale Medien im Beruf**
Soziale Medien spielen eine wichtige Rolle im Berufsleben und bieten neue Möglichkeiten des Marketings und der Vernetzung.

**g) Nachhaltigkeit in Unternehmen**
Nachhaltigkeit wird für Unternehmen immer wichtiger und beeinflusst Geschäftsstrategien und -entscheidungen.

**h) Herausforderungen der Digitalisierung**
Die Digitalisierung verändert die Arbeitswelt und erfordert neue Fähigkeiten und Anpassungsbereitschaft.

## Lesen – Teil 2

Lesen Sie die Aufgaben 6-9 und ordnen Sie ihnen die passende Antwort (a/b/c) oder richtig/falsch zu.

### Text 1: Willkommen im Team

Herzlich willkommen in unserem Unternehmen! Wir freuen uns, Sie als neues Mitglied unseres Teams begrüßen zu dürfen. Ihr Einstieg ist ein wichtiger Schritt, und wir sind hier, um Sie zu unterstützen. In den ersten Wochen werden Sie verschiedene Abteilungen kennenlernen und an Einführungsschulungen teilnehmen. Diese Schulungen sind darauf ausgelegt, Ihnen einen umfassenden Überblick über unsere Arbeitsweise und unsere Unternehmenskultur zu geben. Wir ermutigen Sie, Fragen zu stellen und aktiv an den Schulungen teilzunehmen. Ihr persönlicher Mentor steht Ihnen jederzeit zur Seite, um bei Fragen oder Herausforderungen zu helfen. Unsere Unternehmenskultur basiert auf Offenheit und Zusammenarbeit, und wir sind überzeugt, dass Sie sich schnell bei uns einleben werden. Nochmals herzlich willkommen und viel Erfolg in Ihrer neuen Rolle!

**6** Sie werden ermutigt, Fragen zu stellen und aktiv teilzunehmen.

**7** Ihr Einstieg ist ...

        a)   ... ein unwichtiger Schritt.

        b)   ... ein wichtiger Schritt.

        c)   ... irrelevant für uns.

Lesen Sie die Aufgaben 6-9 und ordnen Sie ihnen die passende Antwort (a/b/c) oder richtig/falsch zu.

**Text 2: Einführung und Schulung**

Willkommen zu Ihrem ersten Arbeitstag! Um Ihnen den Einstieg zu erleichtern, haben wir ein umfassendes Schulungsprogramm vorbereitet. Dieses Programm umfasst sowohl theoretische als auch praktische Einheiten, die Ihnen helfen sollen, sich schnell in Ihre neue Rolle einzufinden. Sie werden die Gelegenheit haben, sich mit den wichtigsten Tools und Verfahren vertraut zu machen, die in Ihrem Arbeitsbereich verwendet werden. Zudem ist ein Treffen mit Ihrem Teamleiter geplant, um Ihre individuellen Ziele und Erwartungen zu besprechen. Wir glauben, dass kontinuierliches Lernen der Schlüssel zum Erfolg ist und freuen uns darauf, Sie auf diesem Weg zu begleiten. Bitte zögern Sie nicht, sich bei Fragen oder Unsicherheiten an Ihren Vorgesetzten oder Ihre Kollegen zu wenden.

**8**  Es ist kein Treffen mit dem Teamleiter geplant.

**9**  Das Schulungsprogramm umfasst ...
       1.  ... nur theoretische Inhalte.
       2.  ... sowohl theoretische als auch praktische Einheiten.
       3.  ... keine praktischen Übungen.

## Lesen – Teil 3

Lesen Sie die Texte mit Fragen (10-13) und ordnen Sie die passende Antwort (a-f) zu. Markieren Sie die passenden Antworten auf dem Antwortbogen. Achtung: Eine Frage bekommt keine Antwort (X).

### Fragen

**10. Sven**

Ich habe eine Frage zur Urlaubsplanung. Kann mein Arbeitgeber meinen Urlaub streichen, wenn es betriebliche Gründe gibt? Was passiert, wenn ich bereits gebucht habe?

**11. Julia**

Ich arbeite in einem internationalen Unternehmen und frage mich, ob es Unterschiede im Urlaubsanspruch für Mitarbeiter in Deutschland und anderen Ländern gibt.

**12. Tom**

Ich bin in der Probezeit und unsicher, ob ich bereits Urlaub nehmen darf. Gibt es spezifische Regelungen für den Urlaubsanspruch während der Probezeit?

**13. Sarah**

Ich habe gehört, dass Eltern von schulpflichtigen Kindern ein Vorrecht auf Urlaub in den Schulferien haben. Stimmt das und wie wird das geregelt?

**Antworten**

**a. Lena**

Hallo Sven, grundsätzlich kann der Arbeitgeber aus dringenden betrieblichen Gründen den Urlaub streichen. Bei bereits gebuchten Reisen sollte man versuchen, eine Einigung zu finden.

**b. Marco**

Hallo Julia, der Urlaubsanspruch kann je nach Land variieren. In Deutschland gibt es gesetzliche Mindestanforderungen, die je nach Tarifvertrag oder Betriebsvereinbarung erweitert werden können.

**c. Nina**

Hallo Tom, während der Probezeit besteht grundsätzlich ein Urlaubsanspruch. Allerdings kann der Arbeitgeber den Urlaub in dieser Zeit unter Umständen verweigern. -

**d. Oliver**

Hallo Sarah, es gibt keine gesetzliche Regelung, die Eltern von schulpflichtigen Kindern ein Vorrecht auf Urlaub in den Schulferien einräumt.

**e. Lisa**

Hallo, es ist wichtig, die genauen Regelungen im Arbeitsvertrag zu überprüfen, da diese oft spezifische Bestimmungen enthalten.

**f. Tobias**

Hallo, der Urlaubsanspruch kann je nach Land und Unternehmenspolitik unterschiedlich sein.

**Lesen – Teil 4**

Lesen Sie das Protokoll und beantworten Sie die Aufgaben (14-18). Bei jeder Aufgabe ist genau eine Antwort zutreffend (a/b/c). Markieren Sie diese direkt auf Ihrem Antwortbogen.

**Protokoll der Teambesprechung**
**Datum:** 25. Dezember 2023
**Zeit:** 09:00 - 11:00 Uhr
**Ort:** Konferenzraum O
**Anwesende:**
- Stefan Müller (SM)
- Tanja Weber (TW)
- Uwe Fischer (UF)
- Vanessa Klein (VK)
- Wilhelm Bauer (WB)
- Xenia Richter (XR)

**Tagesordnungspunkte:**
1. **Begrüßung und Einführung**

**SM** eröffnete die Sitzung und begrüßte die Anwesenden. Er stellte die Tagesordnung vor und betonte die Bedeutung der heutigen Themen für die Unternehmensentwicklung.

2. **Analyse der Markttrends**

**TW** präsentierte eine Analyse der aktuellen Markttrends. Sie hob hervor, dass der Trend zu nachhaltigen Produkten weiter zunimmt. **UF** ergänzte, dass die Konkurrenz ebenfalls verstärkt auf Nachhaltigkeit setzt.

3. **Produktentwicklung und Innovation**

**VK** berichtete über die Fortschritte in der Produktentwicklung. Ein neues Produkt soll im nächsten Quartal auf den Markt gebracht werden. **WB** fügte hinzu, dass die Innovationsabteilung eng mit den Marketingteams zusammenarbeitet.

4. **Vertriebsstrategien und Kundenbindung**

**XR** stellte neue Vertriebsstrategien vor, die die Kundenbindung stärken sollen. Sie betonte die Wichtigkeit von personalisierten Angeboten. **SM** schlug vor, regelmäßig Schulungen für das Vertriebsteam anzubieten.

5. **Finanzielle Lage und Investitionen**

**UF** präsentierte die aktuelle finanzielle Lage des Unternehmens. Er wies darauf hin, dass Investitionen in neue Technologien notwendig sind. **TW** stimmte zu und regte an, einen Teil des Budgets für die Digitalisierung zu reservieren.

6. **Abschluss und nächste Schritte**

**VK** fasste die wichtigsten Punkte der Besprechung zusammen und schlug vor, in der nächsten Sitzung konkrete Maßnahmen zu erarbeiten. **SM** schloss die Sitzung und dankte allen Teilnehmern.

### 14. Wer eröffnete die Sitzung?
a) Tanja Weber
b) Stefan Müller
c) Xenia Richter

### 15. Welcher Markttrend wurde als wachsend identifiziert?
a) Digitalisierung
b) Nachhaltigkeit
c) Automatisierung

### 16. Wann soll das neue Produkt auf den Markt gebracht werden?
a) Im nächsten Quartal
b) Im nächsten Jahr
c) In zwei Jahren

### 17. Was betonte Xenia Richter als wichtig für die Kundenbindung?
a) Preisreduktionen
b) Personalisierte Angebote
c) Massenwerbung

### 18. Wofür soll ein Teil des Budgets laut Uwe Fischer reserviert werden?
a) Neue Mitarbeiter
b) Digitalisierung
c) Werbung

# Antwortbögen

| x | 1 | | | 2 | | | 3 |
|---|---|---|---|---|---|---|---|
| | 4 | | | 5 | | | 6 |
| | 7 | | | 8 | | | 9 |
| | 10 | | | 11 | | | 12 |
| | 13 | | | 14 | | | 15 |

## Lesen 1 (Alternativen a-h, jeweils nur 1 Antwort wählen)

| 1 | 2 | 3 | 4 | 5 | Punkte: |
|---|---|---|---|---|---------|
|   |   |   |   |   |         |

## Lesen 2 (6 und 8: richtig/falsch; 7 und 9: a/b/c; jeweils nur 1 Antwort wählen)

| 6 r/f | 7 a/b/c | 8 r/f | 9 a/b/c | Punkte: |
|-------|---------|-------|---------|---------|
|       |         |       |         |         |

## Lesen 3 (Alternativen a-f, einmal X für keine Antwort, jeweils nur 1 Antwort wählen)

| 10 | 11 | 12 | 13 | Punkte: |
|----|----|----|----|---------|
|    |    |    |    |         |

## Lesen 4 (Alternativen a/b/c, jeweils nur 1 Antwort wählen)

| 14 | 15 | 16 | 17 | 18 | Punkte: |
|----|----|----|----|----|---------|
|    |    |    |    |    |         |

| | 1 | | x | 2 | | | 3 |
|---|---|---|---|---|---|---|---|

| | 4 | | | 5 | | | 6 |

| | 7 | | | 8 | | | 9 |

| | 10 | | | 11 | | | 12 |

| | 13 | | | 14 | | | 15 |

**Lesen 1 (Alternativen a-h, jeweils nur 1 Antwort wählen)**

| 1 | 2 | 3 | 4 | 5 | Punkte: |
|---|---|---|---|---|---|

**Lesen 2 (6 und 8: richtig/falsch; 7 und 9: a/b/c; jeweils nur 1 Antwort wählen)**

| 6 r/f | 7 a/b/c | 8 r/f | 9 a/b/c | Punkte: |
|---|---|---|---|---|

**Lesen 3 (Alternativen a-f, einmal X für keine Antwort, jeweils nur 1 Antwort wählen)**

| 10 | 11 | 12 | 13 | Punkte: |
|---|---|---|---|---|

**Lesen 4 (Alternativen a/b/c, jeweils nur 1 Antwort wählen)**

| 14 | 15 | 16 | 17 | 18 | Punkte: |
|---|---|---|---|---|---|

| | 1 | | | 2 | | x | 3 |
|---|---|---|---|---|---|---|---|
| | 4 | | | 5 | | | 6 |
| | 7 | | | 8 | | | 9 |
| | 10 | | | 11 | | | 12 |
| | 13 | | | 14 | | | 15 |

Lesen 1 (Alternativen a-h, jeweils nur 1 Antwort wählen)

| 1 | 2 | 3 | 4 | 5 | Punkte: |
|---|---|---|---|---|---|

Lesen 2 (6 und 8: richtig/falsch; 7 und 9: a/b/c; jeweils nur 1 Antwort wählen)

| 6 r/f | 7 a/b/c | 8 r/f | 9 a/b/c | Punkte: |
|---|---|---|---|---|

Lesen 3 (Alternativen a-f, einmal X für keine Antwort, jeweils nur 1 Antwort wählen)

| 10 | 11 | 12 | 13 | Punkte: |
|---|---|---|---|---|

Lesen 4 (Alternativen a/b/c, jeweils nur 1 Antwort wählen)

| 14 | 15 | 16 | 17 | 18 | Punkte: |
|---|---|---|---|---|---|

| | 1 | | | 2 | | | 3 |
|---|---|---|---|---|---|---|---|
| x | 4 | | | 5 | | | 6 |
| | 7 | | | 8 | | | 9 |
| | 10 | | | 11 | | | 12 |
| | 13 | | | 14 | | | 15 |

**Lesen 1 (Alternativen a-h, jeweils nur 1 Antwort wählen)**

| 1 | 2 | 3 | 4 | 5 | Punkte: |
|---|---|---|---|---|---|
| | | | | | |

**Lesen 2 (6 und 8: richtig/falsch; 7 und 9: a/b/c; jeweils nur 1 Antwort wählen)**

| 6 r/f | 7 a/b/c | 8 r/f | 9 a/b/c | Punkte: |
|---|---|---|---|---|
| | | | | |

**Lesen 3 (Alternativen a-f, einmal X für keine Antwort, jeweils nur 1 Antwort wählen)**

| 10 | 11 | 12 | 13 | Punkte: |
|---|---|---|---|---|
| | | | | |

**Lesen 4 (Alternativen a/b/c, jeweils nur 1 Antwort wählen)**

| 14 | 15 | 16 | 17 | 18 | Punkte: |
|---|---|---|---|---|---|
| | | | | | |

Antwortbogen zum Training                          Lesen, DTB B2, Mundhenk

| | 1 | | | 2 | | | | 3 |
| | 4 | | x | 5 | | | | 6 |
| | 7 | | | 8 | | | | 9 |
| | 10 | | | 11 | | | | 12 |
| | 13 | | | 14 | | | | 15 |

Lesen 1 (Alternativen a-h, jeweils nur 1 Antwort wählen)

1            2            3            4            5            Punkte:
_____

Lesen 2 (6 und 8: richtig/falsch; 7 und 9: a/b/c; jeweils nur 1 Antwort wählen)

6 r/f        7 a/b/c      8 r/f        9 a/b/c      Punkte:
_____

Lesen 3 (Alternativen a-f, einmal X für keine Antwort, jeweils nur 1 Antwort wählen)

10           11           12           13           Punkte:
_____

Lesen 4 (Alternativen a/b/c, jeweils nur 1 Antwort wählen)

14           15           16           17           18           Punkte:
_____

Antwortbogen zum Training

| | 1 | | 2 | | | | 3 |
|---|---|---|---|---|---|---|---|

| | 4 | | 5 | | | x | 6 |
|---|---|---|---|---|---|---|---|

| | 7 | | 8 | | | | 9 |
|---|---|---|---|---|---|---|---|

| | 10 | | 11 | | | | 12 |
|---|---|---|---|---|---|---|---|

| | 13 | | 14 | | | | 15 |
|---|---|---|---|---|---|---|---|

Lesen 1 (Alternativen a-h, jeweils nur 1 Antwort wählen)

| 1 | 2 | 3 | 4 | 5 | Punkte: |
|---|---|---|---|---|---|

Lesen 2 (6 und 8: richtig/falsch; 7 und 9: a/b/c; jeweils nur 1 Antwort wählen)

| 6 r/f | 7 a/b/c | 8 r/f | 9 a/b/c | Punkte: |
|---|---|---|---|---|

Lesen 3 (Alternativen a-f, einmal X für keine Antwort, jeweils nur 1 Antwort wählen)

| 10 | 11 | 12 | 13 | Punkte: |
|---|---|---|---|---|

Lesen 4 (Alternativen a/b/c, jeweils nur 1 Antwort wählen)

| 14 | 15 | 16 | 17 | 18 | Punkte: |
|---|---|---|---|---|---|

| 1 | 2 | 3 |
|---|---|---|
| 4 | 5 | 6 |
| x 7 | 8 | 9 |
| 10 | 11 | 12 |
| 13 | 14 | 15 |

**Lesen 1 (Alternativen a-h, jeweils nur 1 Antwort wählen)**

| 1 | 2 | 3 | 4 | 5 | Punkte: |
|---|---|---|---|---|---------|
|   |   |   |   |   |         |

**Lesen 2 (6 und 8: richtig/falsch; 7 und 9: a/b/c; jeweils nur 1 Antwort wählen)**

| 6 r/f | 7 a/b/c | 8 r/f | 9 a/b/c | Punkte: |
|-------|---------|-------|---------|---------|
|       |         |       |         |         |

**Lesen 3 (Alternativen a-f, einmal X für keine Antwort, jeweils nur 1 Antwort wählen)**

| 10 | 11 | 12 | 13 | Punkte: |
|----|----|----|----|---------|
|    |    |    |    |         |

**Lesen 4 (Alternativen a/b/c, jeweils nur 1 Antwort wählen)**

| 14 | 15 | 16 | 17 | 18 | Punkte: |
|----|----|----|----|----|---------|
|    |    |    |    |    |         |

| | 1 | | | 2 | | | 3 |
|---|---|---|---|---|---|---|---|
| | 4 | | | 5 | | | 6 |
| | 7 | | x | 8 | | | 9 |
| | 10 | | | 11 | | | 12 |
| | 13 | | | 14 | | | 15 |

Lesen 1 (Alternativen a-h, jeweils nur 1 Antwort wählen)

| 1 | 2 | 3 | 4 | 5 | Punkte: |
|---|---|---|---|---|---|

Lesen 2 (6 und 8: richtig/falsch; 7 und 9: a/b/c; jeweils nur 1 Antwort wählen)

| 6 r/f | 7 a/b/c | 8 r/f | 9 a/b/c | Punkte: |
|---|---|---|---|---|

Lesen 3 (Alternativen a-f, einmal X für keine Antwort, jeweils nur 1 Antwort wählen)

| 10 | 11 | 12 | 13 | Punkte: |
|---|---|---|---|---|

Lesen 4 (Alternativen a/b/c, jeweils nur 1 Antwort wählen)

| 14 | 15 | 16 | 17 | 18 | Punkte: |
|---|---|---|---|---|---|

Antwortbogen zum Training

Lesen, DTB B2, Mundhenk

| | 1 | | | 2 | | | 3 |
|---|---|---|---|---|---|---|---|
| | 4 | | | 5 | | | 6 |
| | 7 | | | 8 | | x | 9 |
| | 10 | | | 11 | | | 12 |
| | 13 | | | 14 | | | 15 |

Lesen 1 (Alternativen a-h, jeweils nur 1 Antwort wählen)

1          2          3          4          5          Punkte:

_____

Lesen 2 (6 und 8: richtig/falsch; 7 und 9: a/b/c; jeweils nur 1 Antwort wählen)

6 r/f        7 a/b/c        8 r/f        9 a/b/c        Punkte:

_____

Lesen 3 (Alternativen a-f, einmal X für keine Antwort, jeweils nur 1 Antwort wählen)

10          11          12          13          Punkte:

_____

Lesen 4 (Alternativen a/b/c, jeweils nur 1 Antwort wählen)

14          15          16          17          18          Punkte:

_____

| | 1 | | | 2 | | | 3 |
|---|---|---|---|---|---|---|---|

| | 4 | | | 5 | | | 6 |
|---|---|---|---|---|---|---|---|

| | 7 | | | 8 | | | 9 |
|---|---|---|---|---|---|---|---|

| x | 10 | | | 11 | | | 12 |
|---|---|---|---|---|---|---|---|

| | 13 | | | 14 | | | 15 |
|---|---|---|---|---|---|---|---|

**Lesen 1 (Alternativen a-h, jeweils nur 1 Antwort wählen)**

| 1 | 2 | 3 | 4 | 5 | Punkte: |
|---|---|---|---|---|---|

**Lesen 2 (6 und 8: richtig/falsch; 7 und 9: a/b/c; jeweils nur 1 Antwort wählen)**

| 6 r/f | 7 a/b/c | 8 r/f | 9 a/b/c | Punkte: |
|---|---|---|---|---|

**Lesen 3 (Alternativen a-f, einmal X für keine Antwort, jeweils nur 1 Antwort wählen)**

| 10 | 11 | 12 | 13 | Punkte: |
|---|---|---|---|---|

**Lesen 4 (Alternativen a/b/c, jeweils nur 1 Antwort wählen)**

| 14 | 15 | 16 | 17 | 18 | Punkte: |
|---|---|---|---|---|---|

| | 1 | | | 2 | | | 3 |
|---|---|---|---|---|---|---|---|

| | 4 | | | 5 | | | 6 |
|---|---|---|---|---|---|---|---|

| | 7 | | | 8 | | | 9 |
|---|---|---|---|---|---|---|---|

| | 10 | | x | 11 | | | 12 |
|---|---|---|---|---|---|---|---|

| | 13 | | | 14 | | | 15 |
|---|---|---|---|---|---|---|---|

Lesen 1 (Alternativen a–h, jeweils nur 1 Antwort wählen)

| 1 | 2 | 3 | 4 | 5 | Punkte: |
|---|---|---|---|---|---|

Lesen 2 (6 und 8: richtig/falsch; 7 und 9: a/b/c; jeweils nur 1 Antwort wählen)

| 6 r/f | 7 a/b/c | 8 r/f | 9 a/b/c | Punkte: |
|---|---|---|---|---|

Lesen 3 (Alternativen a–f, einmal X für keine Antwort, jeweils nur 1 Antwort wählen)

| 10 | 11 | 12 | 13 | Punkte: |
|---|---|---|---|---|

Lesen 4 (Alternativen a/b/c, jeweils nur 1 Antwort wählen)

| 14 | 15 | 16 | 17 | 18 | Punkte: |
|---|---|---|---|---|---|

Lesen, DTB B2, Mundhenk

| | 1 | | | 2 | | | | 3 |
|---|---|---|---|---|---|---|---|---|
| | 4 | | | 5 | | | | 6 |
| | 7 | | | 8 | | | | 9 |
| | 10 | | | 11 | | | x | 12 |
| | 13 | | | 14 | | | | 15 |

Lesen 1 (Alternativen a-h, jeweils nur 1 Antwort wählen)

| 1 | 2 | 3 | 4 | 5 | Punkte: |
|---|---|---|---|---|---|

Lesen 2 (6 und 8: richtig/falsch; 7 und 9: a/b/c; jeweils nur 1 Antwort wählen)

| 6 r/f | 7 a/b/c | 8 r/f | 9 a/b/c | Punkte: |
|---|---|---|---|---|

Lesen 3 (Alternativen a-f, einmal X für keine Antwort, jeweils nur 1 Antwort wählen)

| 10 | 11 | 12 | 13 | Punkte: |
|---|---|---|---|---|

Lesen 4 (Alternativen a/b/c, jeweils nur 1 Antwort wählen)

| 14 | 15 | 16 | 17 | 18 | Punkte: |
|---|---|---|---|---|---|

Antwortbogen zum Training                                          Lesen, DTB B2, Mundhenk

| | 1 | | | 2 | | | | 3 |
| | 4 | | | 5 | | | | 6 |
| | 7 | | | 8 | | | | 9 |
| | 10 | | | 11 | | | | 12 |
| x | 13 | | | 14 | | | | 15 |

Lesen 1 (Alternativen a-h, jeweils nur 1 Antwort wählen)

1             2             3             4             5             Punkte:
_____


Lesen 2 (6 und 8: richtig/falsch; 7 und 9: a/b/c; jeweils nur 1 Antwort wählen)

6 r/f        7 a/b/c      8 r/f        9 a/b/c      Punkte:
_____


Lesen 3 (Alternativen a-f, einmal X für keine Antwort, jeweils nur 1 Antwort wählen)

10           11           12           13           Punkte:
_____

Lesen 4 (Alternativen a/b/c, jeweils nur 1 Antwort wählen)

14           15           16           17           18           Punkte:
_____

| | 1 | | | 2 | | | 3 |
|---|---|---|---|---|---|---|---|
| | 4 | | | 5 | | | 6 |
| | 7 | | | 8 | | | 9 |
| | 10 | | | 11 | | | 12 |
| | 13 | | x | 14 | | | 15 |

## Lesen 1 (Alternativen a-h, jeweils nur 1 Antwort wählen)

| 1 | 2 | 3 | 4 | 5 | Punkte: |
|---|---|---|---|---|---|
| | | | | | |

## Lesen 2 (6 und 8: richtig/falsch; 7 und 9: a/b/c; jeweils nur 1 Antwort wählen)

| 6 r/f | 7 a/b/c | 8 r/f | 9 a/b/c | Punkte: |
|---|---|---|---|---|
| | | | | |

## Lesen 3 (Alternativen a-f, einmal X für keine Antwort, jeweils nur 1 Antwort wählen)

| 10 | 11 | 12 | 13 | Punkte: |
|---|---|---|---|---|
| | | | | |

## Lesen 4 (Alternativen a/b/c, jeweils nur 1 Antwort wählen)

| 14 | 15 | 16 | 17 | 18 | Punkte: |
|---|---|---|---|---|---|
| | | | | | |

Antwortbogen zum Training

| | 1 | | | 2 | | | 3 |
| | 4 | | | 5 | | | 6 |
| | 7 | | | 8 | | | 9 |
| | 10 | | | 11 | | | 12 |
| | 13 | | | 14 | | x | 15 |

Lesen 1 (Alternativen a-h, jeweils nur 1 Antwort wählen)

1          2          3          4          5          Punkte:

_____

Lesen 2 (6 und 8: richtig/falsch; 7 und 9: a/b/c; jeweils nur 1 Antwort wählen)

6 r/f       7 a/b/c       8 r/f       9 a/b/c       Punkte:

_____

Lesen 3 (Alternativen a-f, einmal X für keine Antwort, jeweils nur 1 Antwort wählen)

10          11          12          13          Punkte:

_____

Lesen 4 (Alternativen a/b/c, jeweils nur 1 Antwort wählen)

14          15          16          17          18          Punkte:

_____

| | 1 | | | 2 | | | | 3 | |
|---|---|---|---|---|---|---|---|---|---|

| | 4 | | | 5 | | | | 6 | |
|---|---|---|---|---|---|---|---|---|---|

| | 7 | | | 8 | | | | 9 | |
|---|---|---|---|---|---|---|---|---|---|

| | 10 | | | 11 | | | | 12 | |
|---|---|---|---|---|---|---|---|---|---|

| | 13 | | | 14 | | | | 15 | |
|---|---|---|---|---|---|---|---|---|---|

**Lesen 1 (Alternativen a-h, jeweils nur 1 Antwort wählen)**

1          2          3          4          5          Punkte:

_____

**Lesen 2 (6 und 8: richtig/falsch; 7 und 9: a/b/c; jeweils nur 1 Antwort wählen)**

6 r/f          7 a/b/c          8 r/f          9 a/b/c          Punkte:

_____

**Lesen 3 (Alternativen a-f, einmal X für keine Antwort, jeweils nur 1 Antwort wählen)**

10          11          12          13          Punkte:

_____

**Lesen 4 (Alternativen a/b/c, jeweils nur 1 Antwort wählen)**

14          15          16          17          18          Punkte:

_____

| | 1 | | | 2 | | | 3 |
|---|---|---|---|---|---|---|---|

| | 4 | | | 5 | | | 6 |
|---|---|---|---|---|---|---|---|

| | 7 | | | 8 | | | 9 |
|---|---|---|---|---|---|---|---|

| | 10 | | | 11 | | | 12 |
|---|---|---|---|---|---|---|---|

| | 13 | | | 14 | | | 15 |
|---|---|---|---|---|---|---|---|

**Lesen 1 (Alternativen a-h, jeweils nur 1 Antwort wählen)**

1                2                3                4                5                Punkte:
_____

**Lesen 2 (6 und 8: richtig/falsch; 7 und 9: a/b/c; jeweils nur 1 Antwort wählen)**

6 r/f            7 a/b/c          8 r/f            9 a/b/c          Punkte:
_____

**Lesen 3 (Alternativen a-f, einmal X für keine Antwort, jeweils nur 1 Antwort wählen)**

10               11               12               13               Punkte:
_____

**Lesen 4 (Alternativen a/b/c, jeweils nur 1 Antwort wählen)**

14               15               16               17               18               Punkte:
_____

Antwortbogen zum Training                           Lesen, DTB B2, Mundhenk

|   | 1 |   |   | 2 |   |   |   |   | 3 |   |
|   | 4 |   |   | 5 |   |   |   |   | 6 |   |
|   | 7 |   |   | 8 |   |   |   |   | 9 |   |
|   | 10 |  |   | 11 |  |   |   |   | 12 |  |
|   | 13 |  |   | 14 |  |   |   |   | 15 |  |

## Lesen 1 (Alternativen a-h, jeweils nur 1 Antwort wählen)

| 1 | 2 | 3 | 4 | 5 | Punkte: |
|---|---|---|---|---|---------|

## Lesen 2 (6 und 8: richtig/falsch; 7 und 9: a/b/c; jeweils nur 1 Antwort wählen)

| 6 r/f | 7 a/b/c | 8 r/f | 9 a/b/c | Punkte: |
|-------|---------|-------|---------|---------|

## Lesen 3 (Alternativen a-f, einmal X für keine Antwort, jeweils nur 1 Antwort wählen)

| 10 | 11 | 12 | 13 | Punkte: |
|----|----|----|----|---------|

## Lesen 4 (Alternativen a/b/c, jeweils nur 1 Antwort wählen)

| 14 | 15 | 16 | 17 | 18 | Punkte: |
|----|----|----|----|----|---------|

# Haben Sie Lust auf mehr?
# Probieren Sie die anderen Trainingsbücher aus!

| | |
|---|---|
| | Jan Mundhenk<br>Fit werden für den DTB B2 – Hören: Teile 1-4<br>ISBN: 978-3-76932770-0 |
| | Jan Mundhenk<br>Fit werden für den DTB B2 – Hören und Schreiben<br>ISBN: 978-3-76932779-3 |
| Dieses Buch haben Sie bereits! | Jan Mundhenk<br>Fit werden für den DTB B2 – Lesen: Teile 1-4<br>ISBN: 978-3-76932699-4 |
| | Jan Mundhenk<br>Fit werden für den DTB B2 – Lesen und Schreiben<br>ISBN: 978-3-76932779-3 |
| | Jan Mundhenk<br>Fit werden für den DTB B2 – Schreiben<br>Buch: 978-3-75977756-0<br>E-Book: 978-3-75970224-1 |
| | Jan Mundhenk<br>Fit werden für den DTB B2 – Sprechen 1-3<br>ISBN: 978-3-75977774-4 |
| | Jan Mundhenk<br>Fit werden für den DTB B2 – Lehrerband<br>ISBN: 978-3-76932573-7<br><br>Unterrichtsvorschläge und Lösungen zu den Trainingsbüchern. Gleich mitbestellen. |